我
们
一
起
解
决
问
题

如何投资自己

30岁之前的选择和努力

马　方◎著

人民邮电出版社

北　京

图书在版编目（CIP）数据

如何投资自己：30岁之前的选择和努力 / 马方著 .
北京：人民邮电出版社，2024. -- ISBN 978-7-115
-65148-8

Ⅰ．C912.1-49

中国国家版本馆 CIP 数据核字第 20249N54L4 号

内 容 提 要

　　从高中毕业到 30 岁之前是年轻人成长的重要阶段，也是人生成长的黄金期。年轻人在这个阶段往往面临着巨大的压力和困惑。

　　作者就当下年轻人普遍面临的问题给出了自己的答案，为年轻人如何成长和发展指点迷津。全书共分为五个部分：第一部分讲述了从高中进入大学，年轻人应当如何进行心理建设及做出人生选择；第二部分讲述了从大学步入社会，年轻人应当如何进行职业选择及应有的心态；第三部分讲述了年轻人初入职场时应有的心态和能力，以及在人际社交方面和在面对各种难题时应该如何做、如何取舍；第四部分讲述了年轻人如何在职场中获得晋升；第五部分讲述了年轻人在面对婚姻情感问题时如何抉择，以及应该用什么样的价值观和心态来看待婚姻情感。

　　本书是作者多年人生经验和思考的总结与分享，可以帮助年轻人提升认知，少走弯路，减少迷茫、困惑和焦虑，从而更好地融入社会，成为更好的自己。

◆ 著　　马　方
　　责任编辑　杨佳凝
　　责任印制　彭志环

◆ 人民邮电出版社出版发行　　北京市丰台区成寿寺路 11 号
　　邮编 100164　电子邮件 315@ptpress.com.cn
　　网址 https://www.ptpress.com.cn
　　涿州市般润文化传播有限公司印刷

◆ 开本：880×1230　1/32
　　印张：7.5　　　　　　　　　2024 年 10 月第 1 版
　　字数：160 千字　　　　　　 2025 年 9 月河北第 5 次印刷

定　价：59.80 元

读者服务热线：（010）81055656　印装质量热线：（010）81055316
反盗版热线：（010）81055315

前　言

　　中国人常说"三十而立"，但 30 岁之前，对很多年轻人来讲，充满了挑战和压力，他们需要解决学业、工作、生活方面的诸多难题，还需要面对爱情、婚姻的选择，很多这个年龄段的人，常常处于焦虑、苦闷、纠结的状态，他们非常需要过来人的指点。

　　我写这本书是要告诉你如何在这个阶段生存、成长和发展。我从农村出来，一路摸爬滚打走到今天，我做过员工，卖过保险，做过中层管理者，做过老板，所以我知道年轻人在职场中的辛苦和无助，尤其是普通家庭出身的孩子。当然，作为老板，我也更知道老板需要什么样的人。

我们这一代人在年轻的时候，并没有现在这么发达的资讯和多样的学习渠道，也没有多少人教你如何在职场打拼；即便有，所教的内容也并不成熟或者适合每个人的情况，更多的时候需要我们自己不断尝试。

我自己算是取得了一点小成绩，有一些经验和思考可以分享给你，希望我的这些分享能够让你把人生、职场搞明白，少走弯路，更好地成长。

年轻人应该追求什么

一、怎么定义成功

年轻人应该追求什么？是成功吗？你可以理解为成功，但我更想说的是成长。

好像社会的舆论导向都是在激励年轻人追求成功，那么成功到底是什么？应该怎么定义成功？

大多数情况下，人们谈论的成功都与物质财富、社会地位和职业成就有关，这是社会的期望或标准，符合"水往低处流，人往高处走"的规律，但是这种期望或标准其实只是一个人成长过程的最外化结果的呈现，我不希望年轻人被这种期望或标准绑架和束缚，我更希望年轻人能够学会做事、做人，关注成长，对自己的成长负责。

什么叫成长？成长是一种过程，是你承担自己该承担的责任，让自己学会思考、学会做事、学会做人的过程。换句话说，成长就是在自己的人生旅途中，让自己越来越好，做最好的自己。

人在年轻的时候对世俗意义上的成功有所向往没有错，因为那是人性，从某种意义上说，那也是年轻人奋斗的一种动力。年轻人有渴望、有向往，才会积极向上，不会选择"躺平"，但是你还需要记住，年轻时更加重要的事情不是获得世俗意义上的成功，而是要对自己的成长负责，因为别人不会负责你的成长，顶多会为你的成长付费。

二、坚持做好一件事

为什么我总是鼓励年轻人要坚持做事？因为通过做事可以学会做人，通过做事可以学会思考，通过做事可以打开眼界，通过做事可以看清世界。

人生就像爬山，你只要坚持爬到山顶，就可以一览众山小，看清山下和半山腰是什么样子，并且能够获得一种敢于挑战一切困难的底气。有这样的底气，你可以不断爬过一个又一个更高、更大的山头，获得越来越多的机会。

因此，年轻人要坚持做好一件事。但是非常遗憾，现实中很多年轻人不懂得这个道理，稍不如意就跳槽或者换赛道，不懂得坚持。这就像游泳，如果你不擅长游泳，那么换再多泳池都没用，你还是不擅长。如果你不擅长游泳，那么你的任务是待在泳池里练习，而不是不停地换泳池。很多人就是想不明白这个道理。

坚持做好一件事，目的很简单，就是体验自己对自己负责任的过程。当你开始尝试寻找做事的规律、尝试洞察人性时，你就可以慢慢收获自信、收获经验。这种自信和经验来自你的探索与体验，会让你在面对未来的挑战时毫不怯场。

三、责任和自律

　　每个人的肩上都有必须承担的责任，比如为人父母要承担起为人父母的责任，为人子女要承担起为人子女的责任。责任一直都在，并不会因为你不承担就消失。一代人有一代人的责任，如果你不承担这个责任，那么就等于你把责任留给了下一代。

　　年轻人从进入社会开始甚至从进入大学开始，就要尝试去理解和承担责任了。从大的层面来说，未来是属于年轻人的，年轻人必须通过自己的勤奋、勇敢、胆识，去做能够给他人、给社会创造价值的事。从小的层面来说，未来父母等你养老，孩子等你抚养，这就是一个人成年后需要承担的责任。我们要有能力远离愚昧，摆脱贫穷，创造美好的生活。

　　责任的背后是自律，自律的背后是承受，比如承受暂时的痛苦、贫穷甚至屈辱，推迟眼前的满足感，放弃自己喜欢做的却没有意义的事。有人说，不得不做的事叫"责任"，想做但不能做的事叫"命运"。所以在成长过程中，我们还要学会保持内心的平衡，尤其是出生在普通家庭的孩子更应如此。

从我几十年的人生经验来看，很多人在年轻的时候过分强调自己想做和喜欢做的事，但这些事未必真的是我们能做得好的；而那些不得不做的事，只要我们肯用心、肯下功夫，反而更容易激发出我们的潜能。也许这也应了我们经常听到的一句话叫"一切都是最好的安排"。

所以，如果为了担起肩上的责任，你必须做你不想做的事，那就认真去做好了，因为有时候你自己也不知道自己有多大能量、多少潜质。如果你用心去做了，有一天你就会发现自己存在的意义和价值。

四、克服自卑感

每个人都有自卑感，只不过自卑的点和程度不一样罢了。自卑是我们在这一生中都要去克服的一种心理状态，这种心理状态是可以改变的。

我非常理解那些普通家庭出身的孩子，尤其是从贫困家庭走出来的孩子，他们中的有些人是自卑的、敏感的。如果你的心理状态也是如此，那么你也不能抱怨什么，你唯一能做的就是尽快走出来。

　　我就是从非常贫穷的农村走出来的，我用了七八年的时间，通过不断做成事、不断成长，从自卑中走了出来。我以自己的经历告诉你，不要想太多，不要有太大压力，因为你年轻，你具备你这个年龄段所有的优势，只要你勤奋、朴实、人品端正，就值得别人尊重和赞赏。真正的明白人不会因为你当下的贫穷而看不上你，也不会因为你年轻而不尊重你。越是明白人，就越不会看重这些表面的东西，他们看重的是一个年轻人是否拥有上进的精神状态。因为谁都穷过，谁都年轻过，谁都是从青涩、无知无畏的那个阶段过来的，明白人知道什么是值得尊重和赞赏的。

五、把责任变成爱好

　　在我们真正开始承担责任之前，有太多人拥有与责任无关的理想和爱好，但是生活似乎总是喜欢和我们开玩笑。大多数情况下，人们都在做不得不做的事，这些事和你曾经的爱好无关，和你的理想也无关。

很多人年轻的时候做的是该做的事，但可能不是自己喜欢做的事，因为我们要养活自己，这是社会给我们的考验，也是我们承担责任的开始。当我们处于少年不识愁滋味的时候，我们可以天马行空、信马由缰地幻想和喜欢，而一旦开始承担一个成年人的责任，就需要把这份幻想和喜欢当作种子埋藏在心中，等待未来合适的时候再让它生根发芽。

做该做但未必喜欢的事并不意味着人生就是昏暗无望的，人生的色彩不取决于你做的是不是你喜欢的事，而是取决于你有多认真、多用心地对待自己的责任。你能把自己不喜欢但是必须做的工作做好，就是你从青涩走向成熟的标志，而你日渐成熟的过程就是你成长为一个有责任、有担当的人的过程。

如果一个人能把该做的事、不得不做的事做好，尤其是不喜欢的事做好，就已经足以证明这个人开始热爱这件事了，因为足够多的付出会产生爱，这种爱会让你更加持久和坚定地做事。

　　以我个人为例，我大学学的是采矿工程专业，因为我不善于和人打交道，所以希望当一名工程师。毕业后，受生活所迫，我放弃了自己的专业，开始做与人打交道多的工作：先是卖保险，然后做单位的内部讲师、做人事、做培训学院的院长；后来为了学院的生存开始讲课，从免费到收费；又因为疫情开始做直播，越来越多的人认识了我，也有越来越多的人喜欢听我讲课。这一路走来，我曾经面临无数次不得不做的选择，而选择的背后是我必须承担的责任：为人子女的责任、为人父母的责任和身为老板的责任。

　　在我为了这些责任不得不努力的时候，我发现我在不断成长，同时我发现我做的事情给别人带来了超乎预期的收益，所以我慢慢地爱上了给别人讲课，爱上了做直播。

　　在这个过程中，我感受到了生命的意义，因为我在给别人贡献价值的同时，我也感受到了他们回馈给我的爱与尊重。

　　千万不要以为挣钱养家是你肩负的最大的责任，你肩负的最大的责任是你要成为一个明白人，要能看清世间的真相，并且不断成长。这个责任的背后可能意味着你要遭受诋毁、谩骂甚至侮辱，你要把这当作上天对你的考验。你唯有肩负起这个责任，才能扛起挣钱养家的责任，不要推卸这个责任，因为你推卸掉的责任会落到你的孩子身上。

六、可以依赖他人吗

你可能会说，我不想承担那么大的责任，我就想找个安稳的工作，安安稳稳地过小日子。年轻的时候，你可以有这种想法，但是一旦你踏入社会，你会发现这种想法并不靠谱。

我不建议年轻人依赖他人，只想着做一份稳定的工作。我更不建议年轻人因为不想辛苦工作，就梦想找个有钱人结婚。这不会长久的，因为你交换的筹码太少，美貌和青春会随着时间消逝，如果你不创造价值，那么这种依靠也不会持久。

还有很多人想通过考研、考公来找一家好单位养自己一辈子。我并不建议年轻人这样做，除非你喜欢做研究、喜欢安稳的工作。很多人都希望找一家钱多事少又稳定的好单位，但这可能吗？我的经验告诉我，很难有这种好事。

七、你的诗和远方是真的吗

年轻人都喜欢自由，尤其是追求内心的自由，追求诗和远方，所以一些人整天心神不宁，不愿意脚踏实地提升自己。

真正的自由一定是在肩负起自己的责任以后才有的，假如你不愿意或者不能承担责任，那么你想要的自由和你喜欢的诗和远方就不会存在，因为一个人精神成熟的标志是精神的自由、人格的独立、责任的担当。如果一个人精神上不成熟，他的表现就是在精神上依附、在人格上矮化、在责任上推诿。

八、可以挣快钱吗

年轻人做事不要只是为了挣钱，特别是为了挣快钱，这是不可以的。因为你的动机会影响你的决策、你的选择，而你在未来要对自己当初所有的选择承担后果。

热衷于坑蒙拐骗、走捷径、不讲诚信、言行不一的人，最终都会失败，人生也会一地鸡毛。在现实中，如果你稍微留意就会发现，有些人突然返贫，原因往往是他们喜欢挣快钱，想让自己一夜暴富，可到头来往往是要么被骗、要么亏死。

所以，**不要把欲望当作理想。追求优秀靠自律，追求伟大靠煎熬，但追求欲望会放纵。**

九、社会责任

年轻人在做好自己的事情的同时要有社会责任感。这份责任需要我们有清醒的头脑，能够明辨是非。

爱因斯坦曾说，驱动人类向前的真正有价值的是富有创造性的、有感情的个人。只有这样的人才能造就高尚和尊贵，而随大流的人在思想和感觉上往往是迟钝的，任何为唤醒和支持个体道德感所做的努力，都是对全人类的重要贡献。

十、30 岁时你该有的样子

我希望你在 30 岁之前，能让你的人生走上正轨，如果 30 岁时你还没有走上正轨，还在担心哪天一不小心被开除了，那么你的压力就大了。

什么是走上正轨？就是你能够正常、稳健地发展，成为一个组织不可替代的人才，而且即使这个组织没了，你还有能力找到更好的工作，或者有能力自己创业。

目录

第一部分   从高中进入大学

1   怎么看待高考   003

2   已经高三了，学习不好怎么办   010

3   学习成绩不能决定一切   012

4   高考填报志愿的原则是什么   014

5   高考怎么选专业   017

6   学什么专业，不会因为 AI 失业   019

7   没有考上大学，怎么做人生规划   021

8   你做好上大学的心理准备了吗   025

9   大学生活要如何过   028

10 大学期间如何学习   031

11　童年是可以被治愈的　　　　　033

12　自卑了怎么办　　　　　　　　035

13　你的内心太敏感吗　　　　　　038

14　你自信吗　　　　　　　　　　041

15　树高自然直　　　　　　　　　043

16　如何学会独立思考　　　　　　046

17　认认真真地谈一场恋爱　　　　048

18　养成好习惯　　　　　　　　　049

19　大学四年怎么过才更有意义　　051

第二部分

从大学步入社会

20　工作和考研、考公，该怎么选择　057

21　什么样的人适合考研　　　　　059

22　不考研，真的难就业吗　　　　061

23　工作了，还要考研吗　　　　　063

24　很迷茫、很焦虑怎么办　　　　065

25　成长型企业和成熟型企业各有千秋　067

26　什么是成长型企业　　　　　　　069

27　可以选择成熟型企业吗　　　　　071

28　成熟型企业的特点　　　　　　　073

29　选择企业比选择工作岗位更重要　074

30　坚持和机会的关系　　　　　　　076

31　没有一劳永逸的工作　　　　　　078

32　有不可替代的工作吗　　　　　　080

33　什么是"铁饭碗"　　　　　　　082

34　年轻人可以选择安逸吗　　　　　083

35　学历不高，怎么找工作　　　　　085

36　给职场新人的一封信　　　　　　087

初入职场

37　初入职场学什么　　　　　　　　095

38　最可怕的思维陷阱　　　　　　　097

39　不会来事的人，老板喜欢吗　　　098

40　老板真的在压榨你吗　　　　　　099

41　比"加薪"更重要的是什么　　101

42　如何选择自己的工作方向　　103

43　将基础能力形成闭环　　109

44　"草根"该如何奋斗　　111

45　家境富裕就可以不用吃苦工作吗　　113

46　面临关键选择时要怎么做　　117

47　职责外的工作要做吗　　119

48　领导安排的工作总是变怎么办　　121

49　做一辈子技术可行吗　　127

50　如何管理上级　　129

51　怎么看"老板不聪明"　　131

52　如何与领导相处　　132

53　工作中该不该替领导"背黑锅"　　134

54　领导答应的事没兑现怎么办　　136

55　同事之间能做好朋友吗　　138

56　怎么对待爱议论别人是非的人　　141

57　成年人的交往准则是什么　　143

58　在职场中不懂人情世故怎么办　　146

59　烦恼的根源是什么　　148

60　如何做一个情绪稳定的成年人　　150

61 什么样的人总和别人吵架 152

62 看透人际关系的本质 154

63 怎么活出尊严 155

64 青春短暂，错过就没有了 157

职场晋升

65 开始讨厌自己的工作了，怎么办 165

66 如何获得老板的信任 169

67 如何应对职责混乱的情况 170

68 员工越级投诉怎么办 172

69 与优秀的人在一起 174

70 职业发展的三个阶段 177

71 三十多岁，人生无望怎么办 184

72 工作发展遇到瓶颈，该何去何从 188

73 不要动不动就想辞职 189

74 要有被讨厌的勇气 191

75 怎么看待领导的批评 192

76 年龄大的员工会不被重视吗   194

77 什么时候该换单位   196

78 怎么跳槽   198

79 把握住关键节点的机会   200

婚姻与家庭

80 如何看待爱情与婚姻   205

81 如何面对婚姻中的现实问题   208

82 女人如何选到"好男人"   211

83 为什么有些女人总是碰到渣男   212

84 男人没房就娶不到媳妇吗   213

85 一起奋斗，让生命更有价值   215

86 已婚却又爱上了别人怎么办   216

87 大龄青年如何拥有幸福家庭   218

第一部分

从高中进入大学

1

怎么看待高考

高考是人生唯——次出人头地的机会吗

高考确实是改变人生命运的一次机会，甚至是一些人唯一的机会。我们之所以会有这样的认知，是因为高考是被公众广泛认可的一条上升路径，只要高考成功就等于踏上了既定的成功轨道，就像在轨道上奔驰的列车一样，无须再费心思规划未来。

我也是通过高考实现人生逆转的，但是我要以过来人的身份跟你说，事实并非像你想象的那么简单和容易，高考只是一张进入竞技场的门票而已，如果没有后续的努力和成长，你一样难以成功。

高考的录取率不高，大概考生中一半能上大学，另一半上不了大学。我考大学的时候，录取率更低。

我是幸运的，拿到了这张门票。你们看到我现在做成了一点点事，但是只有我自己知道，除了这张门票，我又付出了多少。有时候我也在想，如果没有这张门票，我会怎样？我想我不会坐以待毙，世界这么大，总会有不需要门票的地方，只要肯吃苦、肯思考、肯学习，总会折腾出一点名堂吧？即便折腾不出什么名堂，也总该会让自己衣食无忧、精神充盈吧？

说了这么多我自己，其实我想说，不管现状怎么样，在我们无力或者短时间内无法改变现状的情况下，我们只要理性地看待高考这件事就好了，考多少分就是多少分，不要后悔，也不要沮丧。

有句话叫"天无绝人之路"。这句话充满了哲理，能绝人之路的只有人自己。所以，即使你的高考成绩不理想，也不要陷在悲观情绪里。只要你不放弃希望，不放弃行动，任何时候都是有希望的。

学历是敲门砖吗

如果你考上了一所好大学，那么你就要好好去学习。如果你考上的是一般的大学，不是你理想中的学校，你还心有不甘，那么你可以看看有没有复读的机会。如果你还有劲头，愿意复读就去复读；如果你觉得已经很累了，不愿意复读，那就去上这所大学好了。

但是，我建议你尽可能读大学本科，因为在现阶段学历依然是敲门砖，哪怕学校差一点也不要紧，很多单位招聘的门槛就是大学本科毕业。

高考只是人生马拉松长跑中的一站

人生就像是马拉松长跑，如果你高考没考好，那么没关系，你就当自己起跑慢了点，仅此而已。接下来怎么办呢？继续往前跑。我给你们分析一下人生旅途中几类人的成长轨迹，你们就明白自己该怎么做了。

有很多人初中毕业后就不再成长了。虽然他们初中毕业后也上了高中，但是没有用，因为他们的认知和思维模式在初中阶段就逐渐被固化了。而那些考上大学的人，有一部分人等到大学毕业后，他们的成长也停止了，他们不再往前跑了。

所以，即便你读的是一般的本科院校或者专科院校也没关系，为什么？因为即使一个人大学读的是很好的本科院校，但是大学毕业后他可能就不往前跑了；你虽然读的是专科院校，但你在毕业后继续往前跑，继续成长，怎么不可以呢？只要你坚持下去，你不就超过他了吗？比如我，已经五十多岁了，我还在天天学习。

我的观点是，人这辈子要永远对外界有敬畏感。如果你把人生当作长跑，那么你跑得慢点、快点，其实都无所谓。我当年的高考分数本来达到了一所重点本科院校的分数线，结果因为我高考志愿填错了，读了一个专科。

所以，你把现状看透，先认了就好了，这个没办法。当然，把现状看透并不意味着你要愤世嫉俗，真正的看透是用豁达的心态去改变和突破现状对自己的束缚和压抑。如果你把人生当作长跑，只要不停下奔跑的脚步，坦然面对各种境遇，你就能不断地超越自我。

过去不完美并不影响一个人的成长

高考只是人生长跑中的一站，并不能完全决定你的未来能走多远、能有多大成就，你的未来会怎么样还取决于其他因素。高考考得好，仅代表你过去的学习成绩优异，并不代表未来你一定会一帆风顺；高考考得不好，也并不意味着你的人生就永远被定格在不好的状态，只要你不放弃学习，不愿停下成长的脚步，未来怎么可能会不好？

过度夸大高考成绩对人生成败的重要性，而忽视成长和能力的重要性，会让很多孩子不能正确看待高考和未来，以为高考考得不好，人生就无望了。

千万不要过早地把人生定格，高考考得不好或者说过去不完美，都应该是你人生道路上促使你成长的契机，而不是促使你定格人生的因素。你想想，如果你不到 20 岁就把自己的人生定格了，那么你的余生该有多无聊、多枯燥！

人生哪有那么多完美？怎么可能都完美？我的观点是人生就是通过不断折腾、不断做事慢慢趋于完美，而真正的完美人生是需要一个人的内心达到豁达、包容和悲悯的境界才能拥有的。

我上学的时候，农村很穷，很多人中途辍学，也没人管我们的学习，我们就是穷玩，变着花样玩。我初中的历史老师把康熙帝念成了"康 yán 帝"，我到高中的时候才知道是康熙（xī）帝，而不是"康 yán 帝"。可见我小时候的语文水平有多糟糕，但是这些并没有阻碍我成长，因为我一直在奔跑、在学习，我相信你们也能。

条条大路通罗马

我对现在的高考了解得不是很多，但是我自身的经历告诉我，即使考不好，也并不意味着人生就此无望。相反，你可能会因此让自己跑得更快。这完全取决于你对事物本质的认知。当你了解了高考的本质，知道学历代表什么，你就知道自己该如何奔跑了。所以，无论高考考得怎么样，都不要失去希望，你才刚刚上路，不是有一句话叫"条条大路通罗马"吗？

v v v
v v v
v v v
v v v

2

已经高三了，学习不好怎么办

如果你学习不好，也没关系，只要你会做人、性格好，哪怕去一所职业学校学习车工、钳工也非常好，特别是操控数字机床这样的专业，非常有前景。不要一听到机床，就"脑补"工作环境脏乱差、自己满身油渍的形象。

一般来说，学习不好的人有两类：第一类是确实不聪明，如果我们是这类人，就要直面人与人之间的差距，但这并不意味着我们的人生无望，因为这个世界本来就需要不同的人做不同的事，我们在哪个层面都可以做最好的自己；第二类是不能适应现在的教育模式，比如有些同学就是不擅长背书，但是头脑比较灵活。我上学的时候数理化成绩非常好，经常是差几分满分，但是我的文科成绩非常差，政治、语文、英语都不好。那真的是没办法，有可能我就是缺那根筋，就是背不会书上的内容。

　　其实，一个人是不是真正有成就和学习好坏并没有必然的关系，而和你是不是一个"有心人"有很大关系。"条条大路通罗马"，能让你通向罗马的不光是学习成绩，还有很多因素。

3

学习成绩不能决定一切

总有人认为，如果学习不好，就考不上好大学；如果考不上好大学，就找不到好工作。可事实并非如此，这个逻辑是有问题的。

作为过来人，我必须告诉你一个"铁律"：老板真正喜欢的不是仅仅学习成绩好的人，而是真正能做成事的人。而真正能做成事的人不一定是学习成绩好的人。

学习成绩好的人未必有推销自己的能力，未必有灵活的思维，未必很有想法，未必有做事的耐力，未必有坚持的毅力，未必有吃苦的精神。学习成绩好和能做成事并不能画等号。一些当年的高考状元在毕业后并没有成为各自行业内的领军人物，其原因正是如此。

真正让一个人一辈子受用的首要因素并不是学习成绩好，而是你所拥有的健康的身体和良好的性格、品质。

如果你性格好、热爱生活，那么你的学习成绩也差不到哪里去。因为你性格好、热爱生活，所以你的抗挫能力会比较强，同时你还有自己的爱好，那么将来在社会上也会有你的立足之地。

既然学习成绩并没有我们想象的那么重要，那么什么才是特别重要的？我认为特别重要的是你要有做成事的能力，这种能力是综合能力，需要从小开始培养。如果你上大学之前没有意识到这个问题，那么你上大学后就要有意识地培养和锻炼自己的综合能力了。

因此，你的首要任务是学会做事，在做事的过程中找感觉，在做事的过程中找到自己的强项，在做事的过程中学会与别人合作，在做事的过程中培养自己的综合能力。有些时候，一件事的结果并不是最重要的，在做事的过程中得到成长才是最重要的，因为经历就是财富。

4

高考填报志愿的原则是什么

　　高考填报志愿应该更加注重学校还是专业？我知道很多人会把专业放在第一位，把学校放在第二位，把学校所在的城市放在第三位。我认为这个顺序完全颠倒了，我认为城市比学校重要，学校比专业重要。也就是说，我们应该先选城市，再选学校，最后再选专业。

　　为什么要先选城市？因为我们需要学会借势，借势首先借的是地域的优势。如果你在比较偏远的地方上学，那么将来你在一、二线城市找到好工作的概率会偏低。如果你和在经济发达的地方上学的人相比，那么可能一毕业你就能看出收入差距。这不是百分之百靠努力带来的。收入有时是靠选择带来的，所以城市比学校重要，一般我们要选经济比较发达的城市。这种选择的逻辑是，大环境比小环境重要，小环境比专业重要。

先说大环境比小环境重要，即城市比学校重要。很多大学生毕业后不会回到出生地，因为如果他选择留在北京，那么他一个月的工资可能是 1 万 ~ 2 万元；而如果选择留在四、五线城市，那么他一个月的薪水大概只有几千元。你也许会觉得这样的选择太实际、没情怀，但是没办法，因为收入是一种可量化的工具，是最直接、最容易让多数人接受的衡量工具。在一个人的成长经历中，有太多的因素只能用可量化的工具来显示，而情怀也是要在照顾好自己和家人以后才可以考虑的。照顾好自己和家人除了需要爱以外，很重要的一个条件就是金钱。

再说小环境比专业重要，即学校比专业重要。为什么？因为好的大学给你带来的眼界不一样，包括你接触的同学。一般来说，高智商群体给你带来的认知也是不一样的。能考进北大、清华的人绝大多数都是高智商的，千万不要认为人家是靠运气，当然也有智商不是很高而是靠勤奋考进去的，但这并不影响大局。你要搞明白我们学习学的是什么。我们学习学的不仅仅是专业知识，还要学习如何判断问题、分析问题和解决问题。

那么学医、学气象、学法律呢？这些专业不重要吗？其实，不是专业本身不重要，而是学校比专业更重要。这些专业都需要严谨的逻辑推理。比如你学医，就不要将自己局限在仅学医学知识这么小的范围。你要知道，临床上的疾病可能只表现在某个部位，只表现出某种症状，但事实上这可能是身体多个器官和多个方面的因素造成的。如果你没有缜密的逻辑推理能力，那么你根本没有办法解决这些问题。气象、法律专业也一样。专业知识并不难学，你也能很快掌握，但是综合能力是比较难提升的，需要长期积累和培养，比如逻辑推理能力、解决问题的能力、眼界、格局，等等。

一家真正优秀的单位，看重的不仅是你的专业成绩，而且包括你的综合能力。因为通常这样的单位会有自己的培训体系，所以专业上的问题并不是大问题。只要你的学校好，在好的氛围下熏陶出来的人不会差到哪里去。

当然，我讲的是通用的道理，而不是指向具体的每一个个体。

5

高考怎么选专业

　　如果你生于普通家庭，那么我建议你大学一定要读实用性强的专业，也就是应用性强的专业。选择这样的专业，毕业后比较容易找到工作。如果你的家庭条件很好，那么我建议你读基础学科，这样将来读硕士、读博士才有后劲儿，然后才可能成为世界级的人才。当然，家庭条件好的人也可以选择读应用性强的专业，这完全取决于你个人的喜好。

　　大方向确定以后，具体的选择要顺其自然，不要目光短浅，要做自己擅长的事，不擅长的事不要做。如果你选择学编程，那么最起码你数学要很好。如果你数学不好，那么选择这样的专业就是在耽误自己。

　　是不是可以完全不考虑功利性呢？对普通家庭出身的人

来说，完全不考虑也是不可能的，毕竟你还面临着养家糊口的问题。凡事没有绝对，也没有一成不变，最好是可以把爱好和功利结合起来考虑。如果你家庭条件很好，毕业后没有生存压力，那么你可以凭个人爱好来选择自己的专业。

6

学什么专业，不会因为 AI 失业

现阶段，AI 被看作一种创造性工具，只能在已知的领域内做组合，在某种程度上进行创新，但还无法替代人的创新。比如机器人会炒菜，但是如果你让机器人研制一种新菜，它是做不了的；还有跨部门之间的沟通，包括人类之间情感的连接，它也是做不了的。

再比如，AI 可以在某种程度上替代医生，但仅限于对已知病情的诊断，这方面它可以做得比医生出色。但是对于未知的病，或者人的心理、情感方面的问题，AI 还无法解决。医院里的科室管理问题，目前也是机器人解决不了的。

AI 能做到的是根据已知的信息去做严谨的逻辑推理，这方面它比人强。在这种情况下，AI 对你的挑战不是选择学什么专业，而是你在自己的领域里有没有创新能力。

所以，未来不会因 AI 失业的专业其实和专业本身关系不大，和 AI 关系也不大，但是和你有没有创造力关系很大。

7

没有考上大学，怎么做人生规划

高考是一种筛选机制，有一定的录取比例，并不是所有人都能够上大学。但是没有考上大学的人要怎么做人生规划呢？

其实，我们直面这个问题就好。我们要做的就是把心态放平，去读一所职业院校，毕业之后进工厂也未尝不可。因为工厂需要大量的工人，特别需要大量的技术工人。

为什么说要把心态放平？因为你之前可能没好好学习，人家用功的时候你没用功；或者本来你的家庭条件就一般，父母没有能力为你创造好的学习条件，你没有考上大学也是在正常范围内的事。所以，你也别怨天尤人，接受现实就好。

人生好比是马拉松长跑，一时的成败并不能决定你一生的成败。

如果你没考上大学，甚至你连高中都没考上，那么你就把这当作是在起点上走慢了。如果你天资一般，起点走慢了没关系，慢点走也没什么不好，马拉松长跑考验的是一个人的毅力和耐力，不是吗？

把时间拉长，你会发现，起点晚或者走得慢，和什么时候到达终点没有必然的关系。人生的终点都是一样的，不一样的是在通往终点的路上我们做了什么，看到了什么风景，感受到了什么情感，我们是否让自己成长、让自己越来越好了。也许跑得快的人只顾着赶路了，忘了欣赏沿途的风景。

那么，我们进了普通的学校，之后又进了普通的单位，怎么办？如何让自己变得不普通，如何成长为更好的人呢？答案是，你要加倍努力，认真做事，把心态放平。

还有一点要注意的就是，不要居功自傲。当挣到一点小钱时，普通人很容易就飘飘然了；取得一点成绩，就开始显摆、傲慢，这样的人一定会摔大跟头的。如果你能稳住、沉得住气，那么你这辈子大概率不会犯太大的错误。

我见过不少这样的人，好不容易当个老板挣点小钱，马上就飘飘然了，走路都是横着走的架势，他的目标是"十年之后我会成为第二个李嘉诚"。可结果是，他的企业很快就倒闭了。

普通孩子如果考不上大学可以去工厂工作，那要去什么样的工厂呢？我的建议是，你可以选择欧美企业、日韩企业，当然好的内资企业也是不错的选择。

举个例子，双童吸管的总经理叫李二桥，他只有初中文化，一个来自安徽的人。他的哥哥叫李大桥，先在双童吸管打工，后来李二桥也跟着去打工了。李二桥工作很认真，表现很优秀，最后他的老板提拔他当了总经理，那是隔代提拔的，相当于差一代。我见过他很多次，这个人很好。

你看，一个初中毕业的人，一样可以做大公司的总经理。同时，他还是当地的人大代表、政协委员。所以，不要给自己设限，认为自己资质平庸就不会有好的未来。

你一定要相信，无论一个人资质如何，都有自己独一无二的优势，能打倒你、阻碍你的，从来都不是你的资质，而是你的思想。

　　行行出状元，真的不是只有名校毕业的人才有前途，只不过名校毕业的人成功的概率会大一点。因为人家也是通过勤奋才读了名校的，而且智商也比较高，如果工作以后仍旧勤奋，拥有好的前途的概率自然会大。如果你资质一般，怎么办呢？那就一点点努力，别着急，先了解自己的优势和劣势，然后一步一步地来。

8

你做好上大学的心理准备了吗

上了大学之后，你就要从以下几个方面做好心理准备。

（1）独立生活

也许上大学是你第一次独自离开家，你会感到孤独和害怕。其实，你不需要害怕这种独立生活，因为人总要长大离开父母，自己打理自己的生活，包括学会管理个人财务、时间和日常事务等。

（2）时间管理

在上大学之前，我们的学习和生活基本由父母和学校安排，可以自主支配的时间很少。但是上了大学之后，除了上课时间，其余时间都需要自己安排，你需要管理好学习、社交和休闲娱乐的时间，所以学会有效地规划时间是非常重要的。

（3）社交活动

在大学阶段，你可以结识来自全国各地的同学，这段时间是你结识新朋友和建立长期关系的好机会。也许你之前只埋头学习了，很少有社交活动，甚至有些人认为这样很好，因为没有社交就没有因社交而产生的各种烦恼，所以把自己关在自认为的舒适区不愿意走出来，以逃避的心态面对周遭的一切。不管出于什么原因，不管你之前对社交持什么态度，大学是锻炼自己走出舒适区并通过积极参与社交活动来建立自己与外部世界联系的最佳时机。人是具有社会属性的，需要和社会连接，纽带就是人。

（4）适应新环境

无论校园环境还是地域环境，都可能存在一些差异，比如北方和南方、沿海地区和西北内陆。适应新环境需要时间，不要太着急，只要用心，很快就可以适应了。

（5）压力和焦虑

虽然大学学业相比高中轻松一些，但是要想优秀地完成学业，也是需要付出相当多的时间和精力的。尤其是选择理工科、医学专业的人，压力会很大，之后还会有对未来职业规划的担忧等。所以，你要多多注意自己的情绪和心理健康，及时释放压力和负面情绪，保持健康的生活方式，包括合理饮食、保持充足的睡眠和适量运动。

（6）自我探索和发展

大学阶段是一个人自我探索和成长的重要时期。不要封闭自己，要保持开放的心态，去接触不同的兴趣和爱好，同时去完善自己的价值观和信念体系。

（7）寻求帮助

人生没有一帆风顺的，遇到各种各样的挫折和坎坷都很正常。没有谁不会遇到困难，也没有谁遇到困难的时候都能够自己解决。当你遇到困难时，不要害怕寻求帮助。大多数大学都会为学生提供支持服务，包括学术指导、心理咨询和职业规划等。

（8）自主管理

大学阶段是人生的一个重要的过渡阶段，从学习到生活到社交都进入了一个自主管理阶段，需要你自主管理自己的学习和生活，并对自己的行为和决策负责。

9

大学生活要如何过

大学生活是一个充满机遇和挑战的时期，合理规划和享受大学时光非常重要。以下是我的一些建议。

第一，用心学习，注重学习能力和技能的提升。在学术、专业技能方面，你要专注于学习，重视课堂学习和自主学习，确保掌握专业知识；同时要充分利用学校资源，比如图书馆、实验室等，让自己获取更多、更广、更深的知识。如果你喜欢做研究，可以主动参与一些研究项目，比如教师的研究项目或自主开展一些你感兴趣的科研活动。

第二，不要将时间浪费在无意义的事情上，比如聊八卦、打游戏、刷手机等，要多花些时间在阅读经典书籍上。

第三，以开放的心态积极参与社交活动。比如积极参加社团活动、班级活动，开阔自己的眼界，锻炼自己的组织能力、协调能力、团队合作能力，进而提升综合能力。通过参与社交活动，结识不同背景的朋友，这不仅对你的生活有帮助，还会对你未来的职业发展有益处。

因为大学期间你会结识到天南海北的朋友，所以你要有尊重多元文化的胸怀，理解和尊重不同的地域文化和习俗。

第四，多参加社会实践活动，把这些机会当作了解社会的窗口。

第五，适当留意和关注职业规划方面的事。刚上大学的时候，因为你还没有对职业、对社会有太多的了解，所以我更建议你多学习、多做事、多参加社会实践活动，增加自己了解职业、了解社会的机会，同时了解自己擅长什么、适合做什么，知道社会上有什么样的就业单位、就业岗位等。

第六，照顾好自己。大学期间除了关注学习和社交活动外，还有非常重要的一件事就是把自己照顾好，比如养成健康的生活习惯，关注自己的心理健康，合理安排学习、休闲娱乐和社交活动的时间，管理好自己的日常开支等。

第七，关注个人成长。大学生活是一个人走向社会的过渡阶段，个人成长很重要，在这一阶段，你可以养成好的生活习惯、阅读大量的书籍、培养自己的兴趣爱好等。

第八，学会与人相处，并且在这个过程中学习别人的优点，同时容忍别人的缺点。

第九，如果有心仪的对象，就认认真真地谈场恋爱，感受男女之间纯真的爱。

无论大学生活是否如你想象中的样子，你都要找到适合自己的平衡点，接纳自己，不断探索和成长，保持好奇心和开放的心态，积极参与并享受这段宝贵的时光。

10

大学期间如何学习

大学时期没有高中时期那样大的考试压力，所以你可能一下子还不能适应，那要怎么学习呢?

你需要把关注点转换一下，即从关注如何解题到如何解决问题。也就是说，你不能仅仅满足于课堂上学的那点知识，那远远不够。记住下面这些话，你就知道该怎么做了。

- 不要为了考试而学习，学习的目的不是应付考试。

- 热爱学习，改变学习方式，把自己从死记硬背的学习模式中解放出来。

- 利用网络资源学习世界上先进的知识。

- 常识和知识一样重要，你要多了解一些最基本的常识。

- 学任何东西，都要知道衡量的标准不是"知道"而是

"做到"。

- 如果你学的东西不能给你带来改变，让你产生行动，就不是真正意义上的学习。

- 学习是为了让自己开阔视野、认识世界、看明白世界。

- 学习是为了拥有解决实际问题的能力、总结归纳的能力、举一反三的能力。

11

童年是可以被治愈的

很多人的内心藏着一个自卑的童年，这种自卑可能来自原生家庭。而一个人能否走出原生家庭、打破思想禁锢，则取决于自己。

我们人生的痛苦有很大一部分原因是我们学得不够好或者我们学的东西是错的。我们需要学习的不仅仅是知识，还有我们对人生、对社会、对世界甚至对宇宙的认识和领悟。而关于"我是谁""来自哪里""要到哪里去"这种貌似哲学领域的问题，实际上是我们每个人的人生课题。

其实，无论幸福、自信，还是痛苦、自卑，都是一种心理状态、一种感觉。每个人的感知力不同，对同一件事的感觉也会不同。所以，接纳自己、包容别人，会让我们轻松很多。

如果你的童年非常幸福，那么恭喜你；如果你的童年不幸福，让你自卑、让你痛苦，那么在成年后你就要尝试治愈你的童年，我相信童年是可以被治愈的。

不要有任何抱怨，父母也不完美，也需要成长。不要强化自己内心的伤痛和自卑，人都有痛苦和自卑的时候，你羡慕的人也有你不知道的痛苦和自卑。所以，你要做的就是尽可能多做事，丰富阅历，让自己变得成熟，让自己的内心强大起来。

12

自卑了怎么办

有人说，穷人多自卑。其实，每个人都会自卑，不是只有从穷乡僻壤走出来的孩子才会自卑。

自卑通常是指因为一些方面不如他人而产生的一种复杂、消极的心理状态，是一种因比较而产生的心理落差。比如，即便你是城里人，但是你的学习成绩一般、身材一般、长相一般，或者同学会的你不会、同学见过的你没见过、同学能做的你做不了，如此等等，你也会因此而自卑，觉得自己处处不如人，那么很自然的你就会情绪低落。如果这种情绪长期得不到释放，人就很容易自卑，那么伴随而来的表现可能有些人是傲慢、敏感，有些人则是害羞、自我否定等。

表面上看，一个人是因为贫穷而自卑，但实际上是因为他缺乏正确的认知，认为自己短时间内无法改变现状，所以让自己一直处于焦虑中无法自拔。

普通人往往特别关注眼前的利益，极少考虑未来的利益，或者说没有心思、没有精力去思考未来，这样导致的结果可能就是一直穷下去，甚至到死也不知道为什么。

那么我们可以改变自卑的心理状态吗？当然，自卑只是因为比较带来的心理落差而引发的一种负面的心理状态，我们完全可以将这种状态调整过来。

我们比较的目的是看到差距，进而提升自己，而不是打败自己。如果你能看到差距并选择改变自己，就会有不一样的结果。比如，你通过刻苦学习，成绩越来越好；或者开始自律，锻炼身体，身材越来越好。当别人看到你的进步和改变而鼓励你时，你的内心会有什么变化？是不是会慢慢变得自信、阳光？

弱者找借口，强者找方法，后者践行的是"我的人生我做主"的原则。

现实中，有不少人会把自卑转化为前进的动力，并通过持久的努力和自律来改变自己的命运。即便你是一名厨师，也有可能成为米其林厨师。当你用成就证明自己时，骨子里的自卑就会在这个过程中被慢慢消解掉。自卑是一种常见的心理现象，但穷不是自卑的借口。贫不足羞，可羞的是贫而无志。只要人穷志不短，谁都可以苦尽甘来。

其实，不仅仅是因为贫穷，在强者面前，谁都会自卑，而克服自卑的过程就是成长的过程。

13

你的内心太敏感吗

内心太敏感，通常是不自信、内在不强大、缺乏安全感造成的。

一些自信的人并非天生就自信，而是在成长过程中磨炼出来的。自信的人很少在乎别人的看法，不会人云亦云，也不会随波逐流。自信的人往往是有思想、能够独立思考的人，他们不会在乎别人的误解，也不会在乎世俗的偏见，他们内心有自己的评价体系，他们的内心就是一个自认为的完美的世界。

这种自信是慢慢养成的。

内心敏感的人喜欢放大事件本身，喜欢过分解读别人话里的含义，还容易误解别人的言谈举止，自己给自己制造情绪内耗。那些内心敏感的人虽然也渴望得到别人的关爱，但又害怕别人给的是伤害，所以总是患得患失，没有安全感。

"很少有人会在乎你的失落、你的脆弱、你的寂寞，却会有人仰视你的优秀、你的成功。也没有多少人会因为你内心敏感而善待你，他们不会在乎你累不累、苦不苦，只在乎你会不会、行不行，这就是世界的真相。"虽然这段话看上去很残酷，现实中也未必这么绝对，但这恰恰说明我们每个人都要逼迫自己成长，努力改变自己，在自己变得优秀之前，先学会接纳自己、做好自己。

努力可以赢得尊严，好的成绩可以证明优秀。

那么，在变得优秀之前和别人打交道的时候，如何才能不那么敏感呢？

我们在工作和生活中与人接触、沟通的目的是把工作做好、把事办成，所以我们要把关注点放在实现目的上，而不是自己的感受上。这样不仅更容易做成事，而且成就感会激发人的自信。当一个人的感受进入良性循环后，就会慢慢变得自信起来、不再那么敏感了。

所以，把关注点放在如何做事、如何达成目标上，远比把关注点放在自身感受上更有意义、更有利于自身成长。只要有了这种意识，你就能够调整自己的心态、正视自己的问题，时间长了你就会感受到自己的变化和成长。

不要小看自己，也不要高看别人，要多做事、多思考、多读书，学会认识和理解这个世界。如果你坚持下去，那么数年之后，当你可以洞悉社会的运行规律时，你的眼神就会变得清澈、自信，你的内心也会变得充实、平静。

你要相信自己，因为内心敏感的人通常也是爱思考的人，考虑问题更为细致、全面，所以你只要让自己强大起来，就会迎来曙光。

14
你自信吗

你觉得自己自信吗?

人有很多先天的特质,而自信则是后天培养的。所以,如果你现在还不自信也没关系,因为你还有时间去养成。

关于什么是自信,ChatGPT 的回答是:"自信是一种积极的信念和信心,使人相信自己有能力应对各种挑战和困难。它是一种内在的力量,可以帮助人们克服恐惧和不安全感,更好地展现自己的潜力。"

从这个概念上理解,自信源于自己相信自己。凭什么自己相信自己呢? 如果你一直以来都是"衣来伸手、饭来张口",突然有一天你要给自己做顿饭,你心里有底吗? 你敢做吗? 人的自信源于过去的成就,如果你过去没有成就,那么你很难自信起来。你只有在过去做过很多事并且做成了一些事，甚至做出了一定的成就，才能获得真正的自信，进而对未来更有信心，相信未来的自己会做成更多的事。比如我儿子，我让他写书，写书之前，他自己也没想到他的书会那么受欢迎，会有很多"小粉丝"。然后，他就觉得自己还可以再写下一本书。

所以，自信来源于你做成了什么。

v v v
v v v
v v v
v v v

15

树高自然直

"当你没做成事的时候，别人都看你不顺眼；当你做成了事的时候，你的缺点也成了优点。"这话乍听起来有些偏激，但有些时候也不是没有道理。你可以理解为这是人性的一种表现。

如果你纠结于别人看你是不是顺眼，你就浪费了自己成长的机会和时间。就像森林里的灌木丛，如果你低着头就能看到了，那么你永远不需要仰望，甚至连平视都不需要；而如果你遇到的是参天大树，你就得仰望才能看到它的全貌。所以，与其纠结别人是不是看你不顺眼，不如把关注点放在做事上，放在个人成长上。

当别人看你不顺眼的时候，有可能真的就是你有需要改正的地方，那么你改就好了，没什么可商量的。但有时候可能是真的委屈你了、误解你了，这时就是锻炼你气度的时候，也是挖掘你的智慧和潜力的时候。你要如何面对这些遭遇，完全取决于你想要什么样的未来，想让自己成为什么样的人。

这世上没有完美的人，每个人都有缺点和不足，而我们需要做的就是让自己变得越来越好，这也是我们生命的意义。

有缺点不可怕，可怕的是你不能正视它。森林里的大树没有因为小时候长得歪歪扭扭就被砍掉，所以你不要因为自己有缺点就自卑，也不要自责，你只管成长就好了。只要你一长大，像小树一样，那些扭扭巴巴的毛病就都没了。当你专注于成长时，你会主动去修正自己的不足，改掉自己的毛病。这就是我们通常所说的"树高自然直"。

每个人各有不同，有的人开窍早，有的人开窍晚，有的人在年轻的时候就像愣头青一样，不会表达，又总想表现，结果总是把事情搞砸。这些你都不必担心，也不要想着一下子就把所有缺点都改掉。任何事物都有两面性，有时候你的某个缺点也可能促成你做成一些事，比如，因为你一根筋，反倒做成了别人做不了的事。这时，你曾经认为的缺点就变成了优点。我们要辩证地看问题，只要你把事做好了，自然就会慢慢改掉身上的那些缺点，甚至你也会让有些缺点成为优点。

16

如何学会独立思考

　　思考的底层逻辑是质疑，但是我们很多人从小被灌输的思想观念是顺从、听话，如果不顺从、不听话，就是大逆不道，就不是好孩子、好学生。如果说我们小时候无力改变现状，那么现在是时候学会独立思考了。当然，这个世界上依然有很多人不管成长环境如何都能够独立思考，这是非常优秀的品质。

　　学会独立思考，需要把握的原则是，不要用立场、态度、动机、利益来思考，而要用事实、是非、善恶、常识、逻辑去思考。

　　当你知道了这个基本原则，就要学着去分析一些身边发生的事。

普罗泰戈拉曾说："人是万物的尺度，也是终极的目的。所有的科学科技、思想文化、公共管理和服务，所有的文明都服务于人，让人活得更好。除人之外，一切皆为手段。"这是思考的一个最基本的逻辑。

当你用对了逻辑和方法时，思考也就不那么复杂了，但是思考还需要有足够多的知识和常识做支撑。所以，你要想有自己独立的思考，第一，要主动学习，多读书，多读经典书籍，比如哲学、逻辑学和文学作品等；第二，关注新闻和时事，并且形成自己的见解；第三，丰富你的阅历，多经事，这可以让你从多个角度去思考；第四，如果有机会，就积极参与讨论和辩论，表达自己的观点，同时也要对他人的观点进行批判性思考。

17

认认真真地谈一场恋爱

谈恋爱不是为了单纯地满足肉体之欲。年纪大了之后，很多人会发现人这一辈子是很孤独的，真正能给你带来美好回忆的东西是以爱为底色的，要么是亲情，要么是友情，要么是爱情，这些"情"会让你感觉你的人生路上并没有那么孤单。如果没有这些情感体验，那么人生这条路基本就是你一个人在走，你真的会感觉到孤独。所以，有些人生的美好，我们该享受的、该珍惜的，都要去把握。

认认真真地谈一场恋爱吧，在这个过程中，你会知道什么是爱、什么是付出、什么是责任，知道什么是相互成就，而不是相互消耗。

18
养成好习惯

上了大学，还有一个非常重要的任务就是养成好习惯。

哈佛大学的学者曾经研究过一个人无法成功的原因：一是拖延，二是犹豫，三是自我设限、自我怀疑，四是三分钟热度，五是找借口，六是拒绝学习。

牛津大学的学者也证明了导致贫穷的九个死穴：一是找借口，二是恐惧，三是不愿意学习，四是犹豫不决，五是拖延，六是三分钟热度，七是害怕拒绝，八是自我设限，九是逃避现实。

你会发现他们的研究结论有一个共同点，就是找借口、不行动。

行动一次会比你光说不练一万次都管用，哪怕你会行动失败，哪怕你会撞个头破血流。因为只有行动了，你才有记忆和感受，才能引发你思考，促使你改进，所以你要去做才行。

年轻的时候不要怕这怕那，不要怕错、不要怕别人笑话、不要怕苦怕累，这样到老的时候才不后悔，哪怕一路伤痕。

19

大学四年怎么过才更有意义

第一，在大学期间要学会独立思考，要有基本的科学素养。如果我们连真假、是非都不分，那将是很可悲的一件事。

关于科学素养，我在这里讲一个故事，以加深大家的理解。

小时候，我妈妈告诉我隔夜水不能喝，所以我就问她，早上 6 点烧的水，下午 3 点能喝吗？我妈妈说能喝。我又问，晚上 9 点烧的水，早上 6 点能喝吗？我妈妈说不能喝。我说，同样是隔了几个小时的水，同样的储存环境，而且晚上温度更低，更有利于保存，为什么不能喝？我妈妈想了想，把我打了一顿。

明白了吗？这就是缺乏基本科学素养的表现，人们更相信流传已久的传说。所以，我们要学会思考、学会质疑。

第二，不瞎折腾，要结合自身情况分析和判断问题。比如，当你发现大学里有很多同学都在准备考研、考公时，你要不要加入这个"队伍"？

我认为有 10% ~ 20% 的学生考研是正常的，这些人擅长考试，比较有优势。但是我相信目前考研的学生中有很大一部分人是不擅长考试的。我们应当清楚，有些人擅长考试，有些人不擅长考试。如果你不擅长考试，却硬要加入这个"队伍"，那么你就是在浪费青春。

大学期间和大学刚毕业的那几年是人生最宝贵的时候，长时间沉浸在这种考试机器的模式中对人生是一种非常大的消耗。所以，不要还没有想清楚就盲目地加入考研大军。就像比赛，你明知道那个比赛项目是你的弱项，可你非要比，那么你可能会得不偿失。

再有，关于考公，有些人在体制内干到 35 岁后又想出来，这就是当初没有想明白、瞎折腾的表现。

不管别人说什么、做什么，我们都需要有自己独立的认识，并且有勇气去按照自己的选择做事。而很多人不敢质疑，唯一的选择就是顺从，就像一些动物通过扎堆来求得自己的生存一样。质疑是一种能力。质疑意味着你不但要有能力，还要有胆识，不然谁敢质疑？谁敢与众不同？你敢质疑，意味着你是孤独的，但同时你也会有相应的收获。

第三，学会做成一件事。大学期间，除了学业，学会做成一件事也很重要，比如组织一个社团。只要你带领一个群体做成一件事，你就知道做事背后的规律，今后你进入社会的时候就能够更快地适应而不至于很快被淘汰。

学会做成一件事也包括很小的事。我们有太多的学生进入社会后发现，他连自己都管不了。举个例子，我有一位同事，领导带他出差，第一次他迟到了，第二次又迟到了，从此以后领导再也不带他出差了。两次迟到，他给领导留下了不守时的印象，也因此失去了一些职业发展机会。所以，我们在学校一定要学会自律，知道什么叫信用、什么叫承诺，以及一些基本的做事原则。

我为什么一直鼓励年轻人多做事？因为通过做事，你可以学会与别人合作、学会妥协、学会认可别人的优点，慢慢也能知道自己的缺点。你不可能总是一个人做事，早晚要与人合作，因为我们是社会性动物，我们所有的活动都需要与社会连接，与他人连接。因此，大学期间，你一定要懂点基本的常识，如果你天天玩游戏，四年的青春就全部荒废了，你连知识都没有学到，更别说掌握做事的规律了。

第四，尽可能谈一场恋爱。恋爱的过程不仅可以让你感受爱情的纯真与美好，而且能让你更自信，让你学会爱，让你的人生丰盈，在人生最宝贵的那段时间不留遗憾。

这就是我给你们大学四年的建议，你们自己思考。

第二部分

从大学步入社会

工作和考研、考公，该怎么选择

大学毕业应该先工作，还是考研或者考公？

人这辈子一定要做大概率能够成功的事情。考上公务员的概率是多少？全国研究生的录取比例是多少？考上"211""985"院校研究生的概率是多少？你去研究一下就会发现，这些都是小概率的事情。

如果你不具备考公、考研的天赋，那么我不建议你把大好青春浪费在小概率的事情上。如果你愿意学习，我不反对你去尝试一下，但是你一定要知道你在做的是小概率的事情。即便你考上了，未来也未必如你想象中那样美好，所以你要有能力及时抽身去做大概率的事情，而不是只认准考研、考公这一条道。我发现有的同学会考好几次，人生最美好的青春就这么几年，而你没有去体验和享受青春该有的样子，却天天趴在桌子上准备应考，我觉得是浪费青春。

所以，如果没有考上研、没有考上公，那就抓紧时间工作吧。道理非常简单，你是来体验人生的，不是来当考试机器的，你要学会变通。

21

什么样的人适合考研

如果你喜欢做研究，愿意做学问，又有做研究的天赋，并且你的家庭条件也允许，那么你是可以考硕士、考博士的。而如果你不具备这样的条件，那么我不建议你把时间和精力浪费在这上面。

做研究这件事并不是每个人都适合的，做研究是要靠天赋的，大多数人不具备这方面的天赋。如果你在这方面很有天赋，智商也高，比如别人解一道数学题，三个月都解不出来，你两分钟就能解出来，那么没问题，你可以选择考研，这是最基础的判断因素。如果你智商没那么高，解有点难度的数学题都很吃力，那么你就应当知道学术研究不是你的强项，你也没有必要走这座独木桥。

　　如果你真有天赋，家里又没有经济负担，我是鼓励你考研的。但如果你考研是为了名利、攀比、投机、贪图享乐、逃避现实，那么我是不鼓励的。如果你只是想通过读研找个好工作、轻松的工作，甚至可以旱涝保收的工作，我也不鼓励你考研，因为你不是发自内心地热爱研究。

　　如果你毕业于普通高校，家庭条件一般，没有做研究的天赋，也没有发自内心地喜欢学术研究，那么我的建议是，尽快工作。因为社会是最好的历练场所，工作是最好的历练工具，而且越年轻越无畏，你的可塑性越强；而年龄越大，脸皮越薄，抗挫能力就越弱。人生之路不会一路坦途，需要我们有能力去面对一切。

22

不考研，真的难就业吗

有人说，如果不考研就很难就业。这种说法对吗？

第一，"不考研，就业难"，这句话并不完全准确，因为多数大学生毕业后还是能找到工作的。学历并不是就业好坏的唯一条件。反过来，即便你是研究生学历，也未必能够找到让自己满意的工作。

第二，研究生学历有时候也会发挥不了作用，很多用人单位不仅看你的最高学历，还会看你的本科毕业院校，通过你的第一学历来判断你的工作能力。

第三，职场竞争是能力上的竞争，而高学历不能完全代表高能力。当你能力足够时，你可以从多个角度去看一件事，可以发现在做事的过程中，什么会阻碍你做事，应当如何去避免或者解决这些不利因素。

所以说，"不考研，就业难"这种说法并不完全准确，只能说有这种可能。

我们之所以会有"不考研，就业难"的感慨，是因为我们看事情的维度不够，还不了解真实的情况，也不知道什么是重要的，却又抓住个别的事例，以偏概全地吓唬自己，也吓唬别人。我们要学会用大概率的事件做依据，分析其背后的原因和规律，再结合每个个体的特殊情况考虑问题、解决问题。

23

工作了，还要考研吗

如果你已经工作了，如果你不是遇到特殊情况，那么我的建议是不要再考研了。如果你打算考研是为了职场晋升，那么我建议你读在职研究生，而不要去读全日制研究生，因为生命短暂，我们需要把时间用在更有意义的事情上。

其实，很多用人单位都有自己的培训计划，你只要好好工作，就会有继续深造的机会，而且这种机会会给你的工作锦上添花，可能费用还不用你出，你可以边学边用，这对个人和单位来说是"双赢"。从经济学角度来说，这对个体的价值是最大的。何乐而不为呢？如果你把本该在职场上历练的青春年华用到了课堂上，那么等你毕业回来，本科生已经有了三四年的工作经验，可能已经是小主管，是你的上司了，而你还要一切从零开始。你觉得哪种选择更好？

我不鼓励你工作后再回校读全日制研究生，还有一个原因是你所学到的知识和你未来工作的关联性可能不大，对你日后的工作未必有多少帮助。

当然，如果你能去顶尖级的学校，而且你又特别喜欢做研究，不喜欢企业里那些琐碎的工作，你的经济状况也还可以，那么我鼓励你去读研。

24

很迷茫、很焦虑怎么办

找到方向，就不怕路远，也不会感到迷茫。如果你感到迷茫，那么说明你还没有找到你的发展方向。其实，很多人在年轻的时候，确实找不到发展方向。

我大学学的是采矿专业，毕业后做过很多工作。在那个阶段，大家普遍很迷茫，不知道自己未来应当做什么。其实，我们唯一能做的就是把当下每一天的工作做好。

任何人的未来都有不确定性存在，唯一能确定的是我们都会死。未来的不确定性会让我们感到焦虑，但同时也会引发我们思考，会激发我们内在的活力和潜力。人的一生会因为未来充满挑战和机会而精彩，我们应该迎接并享受这种精彩。

那么你要怎样应对未来的不确定性呢？你的首要任务就是把当下的事做好、做到极致。如果你能成为一名一流的外科医生，你就不会感到迷茫；如果你在自媒体平台上有几百万甚至上千万粉丝，你也不会感到迷茫。所以，尽快提高自己的能力，当你拥有不可替代的能力的时候，你也就不会感到迷茫、感到焦虑了。

25

成长型企业和成熟型企业各有千秋

拼多多的创始人黄峥当年在美国硕士毕业找工作的时候，面临两个选择：一个是去微软，另一个是去谷歌。微软那时候已经是一家优秀的公司了，谷歌还处于初创期。也就是说，黄峥面临着去成熟型企业还是成长型企业的选择。段永平给他的建议是，如果将来想创业，就去谷歌，而且要待够三年；而微软已经是一家成熟的企业，分工很细，对个人的成长有一定局限性。后来黄峥去了谷歌，不到半年，谷歌上市了，黄峥有了原始股票，一夜之间他有了几百万美元，收获了他的第一桶金。

这个案例非常典型，当然，并不是所有的"草根"都能有黄峥那样的机会，但是黄峥找工作的经历却给了我们一些启发。我建议年轻人去成长型企业，因为在成长型企业里个人的发展空间比较大。

年轻人一定要学会借力，在成长过程中，努力确实重要，但是我认为机会更重要。成长型企业里的机会要比成熟型企业里的机会多，企业的成长能把你带起来，你们可以一起成长。

当然，成熟型企业里也会有比较好的适合你发展的工作。如果你找不到合适的成长型企业，那么也可以选择一家成熟型企业，道理都是相通的。

26

什么是成长型企业

简单来说，成长型企业通常是指那些业务处于快速发展阶段的公司或者初创企业。成长型企业可能在管理上不够规范，短期内业绩不是很好，但它在某些方面有优势，未来有发展潜力。对个人来说，虽然成长型企业的工作环境可能充满挑战和不确定性，但对个人成长和职业发展有非常大的空间和非常多的机会。

具体来说，成长型企业的优势主要有以下几个方面。

在业务拓展方面，成长型企业往往处于市场扩展阶段，能够更加快速地适应市场变化，可能正在开拓新市场或增加新业务；注重创新，可能引入新技术或新的业务模式；可能正在争取成为市场领导者，或者在某个细分市场中建立领先地位，收入和利润通常会呈现快速增长的趋势。

在管理方面，为了适应市场的快速变化和内部增长，成长型企业的组织结构可能更加灵活。同时，成长型企业的快速增长可能会给管理层带来挑战，包括如何有效管理扩大的团队，如何保持企业文化，如何维持运营效率等。这些也会给新人带来机会。

在人才利用方面，成长型企业需要吸引和留住关键人才，以支持其业务的快速发展和对创新的需求；成长型企业可能还需要有更多的管理人员来处理复杂的业务问题。

27

可以选择成熟型企业吗

　　成熟型企业通常是指那些已经度过了快速发展期，在其行业或市场中已经建立了稳定地位的企业。它们往往是已经有规模的大企业，可能正如日中天，也可能已经开始走下坡路了，但是光环还在，其成熟的管理模式还是值得我们学习和借鉴的。

　　成熟型企业的个人成长空间可能不如成长型企业大，但是成熟型企业在管理上往往已经规范，进入这样的企业比较容易培养规范化的管理意识。在这里工作两三年，比较容易培养自己的职业素养。你可以去一家大企业镀金，选择当地比较知名的大企业就可以。当然，这里所说的"镀金"可不是务虚，而是务实，你要真正付出、学习，让自己镀上真金，学到真本事，甚至做到主管级别。到那时，如果你觉得这里的成长空间不够，那么这段经历就是你身上特有的光环，可以让你找到更有发展空间的工作。

其实，找什么样的工作，并没有一定之规。但是无论什么样的工作，我们首先要关注的是，它是否有利于自己的成长。

v v v
v v v
v v v
v v v

28
成熟型企业的特点

通常情况下，成熟型企业有稳定的收入来源，能够产生可预测的利润，拥有忠实的客户群，客户流失率较低，增长速度往往比处于初创期或成长期的企业要慢，因为市场饱和度高，获取新客户的难度大。

在管理层面，成熟型企业的管理层往往相对稳定，能够有效地处理日常事务。成熟型企业有明确的业务流程，其业务流程和运营策略都已经被优化，效率通常较高，有良好的现金流，组织结构和企业文化较为成熟和稳定，变革和创新可能较为缓慢。成熟型企业在市场上有显著的竞争优势，如品牌认知度高、市场份额大、生产成本低等，但可能在创新上面临挑战，也可能组织层级较多，决策缓慢，适应市场变化的能力较弱。

29

选择企业比选择工作岗位更重要

人们总是希望自己能做那种看上去很重要的工作，觉得那样才能显得自己重要和有水平。其实，当你刚进入一家企业时，你会发现当下做什么具体的工作可能并不是最重要的，你加入的是什么样的企业才最重要。当然，专业性很强的工作除外，如医生。

如果你用心，就会发现单位里的各个工作岗位都是彼此相通的。很多企业内部每年都会做岗位人员调整，而且需要竞聘。所以，只要你能进入这家企业，你就有机会做你心仪的工作。

当年写《逆风飞扬》的吴士宏，她最早是以护士的身份进 IBM 做前台接待的，但是她在每一个工作岗位上都把握住了机会，后来她成为 IBM 中国华南区总经理，之后又成为微软中国公司总经理。我认为她能把握住机会的背后，一方面是因为她努力，另一方面是因为她看透了不同工作岗位之间是相通的道理。

我们有时候太看重自己做的是什么工作了，觉得这个工作不适合自己，那个工作也不适合自己，如果没有做到这个岗位上就郁闷。有时候，你认为自己能做好并不代表你真的能做好。你要能沉得住气，把握住每一次提升自己的机会。

30

坚持和机会的关系

为什么当年段永平建议黄峥一定要在谷歌先工作三年？这里面有什么"玄机"吗？是的，工作需要坚持，只有坚持才有更好的机会。

首先，如果你在一家企业工作不到三年，那么你不会真正了解工作到底是什么，到底该怎么做，你对工作的理解还是如蜻蜓点水一般地停于表面。你也没有在其他企业工作的经历，那么你再找工作还是找自己认知范围内的所谓理想的工作，这很容易让你陷入不断跳槽的"怪圈"中。

其次，坚持的结果就是你会有更好的机会。因为大学生还未真正走入社会，对社会、对企业、对个人能力的认知有偏差，容易混淆现实和理想的边界，所以当现实和理想有差距时，愿意坚持的人并不多，很多年轻人一言不合就辞职。机会是藏在坚持中的，对大多数人来说，不是没机会，而是看不见机会。

最后，不要只盯着眼前的利益。很多人刚参加工作的时候往往只看眼前的利益，但是你眼前能看见的东西只代表眼前，你眼前看不见的东西才能代表未来。这是非常简单的道理，你眼前能看见的就是工资，而你眼前看不见的是机会。机会就是帮你提高能力的平台，能力才是你真正的财富。

坚持能让人看到未来的机会，坚持的背后是对工作和成长的理解，坚持的人把成长看得比收入和舒适更重要。

31

没有一劳永逸的工作

没有一劳永逸的工作，这是我们必须接受的现实。即便你能够进入非常优秀的企业，也并不意味着你可以就此"躺平"。相反，你要努力、用心工作，让自己获得成长。

世界范围内优秀而伟大的企业都是凤毛麟角的，所以并不是所有人都能有机会像黄峥和吴士宏那样进入优秀的企业，很多时候我们只能进入小型的初创企业。那么在这样的企业里工作，我们还要坚持吗？我的观点是，除非这家企业老板的人品有问题，且胸无大志、物欲很重，否则你是可以坚持的。因为初创企业往往百事待兴，在这样的环境下工作最能锻炼一个人的综合能力，而最值得年轻人珍惜和追求的就是锻炼自己的机会。

当你能够珍惜每一次工作机会，从多方面提高自己的能力，为未来做准备时，机会就会青睐你。

但是现实中总会有一些人，只要看不到眼前利益就认为当下的工作没有价值，不肯多付出一点。职场上这种斤斤计较的心态会让一个人错失很多成长的机会。我经常说，千万不要用眼前的得失来判断你现在正在做或者犹豫是否应该做的事情的价值。当你面临可做、可不做的选择的时候，一定要去做。一直以来，我也是这么要求自己的。

32

有不可替代的工作吗

有不可替代的工作吗？换句话说，你能把自己的工作做成不可替代的吗？

如果你已经在一家成长型企业里工作，那么你可以坚持下来，它成长你也成长，你再勤奋点，比别人成长得快点，你慢慢就会成为稀缺资源。如果这个岗位换掉你用别人，替代成本太高，那么你就拥有了一份不可替代的工作，这样的一份工作会给你带来足够的自信和安全感。当然，在成熟型企业里工作也一样。

人与人之间，智商会有差异，但是这个差异本质上不影响一个人的成长。为什么？因为人生如同长跑，比的不是谁的腿长和速度快，比的是耐力和毅力。在职场上，你的勤奋、你的经历、你的阅历足以弥补一部分智商短板。所以，在任何时候，我们都要踏踏实实地做事，不要挑肥拣瘦、锱铢必较，要努力让自己不断成长，尽快成为不可代替的那个人。

33

什么是"铁饭碗"

什么是"铁饭碗"？在我们很多人的认知里，在机关事业单位和国有企业工作就是端上了"铁饭碗"，现在我们需要重新认识一下这个概念。

"铁饭碗"不是指在一个地方永远有饭吃。如果你想在一个地方永远有饭吃，你就必须放弃你的其他选择。

真正的"铁饭碗"是指你到哪里都有饭吃的能力，这种能力让你到哪里都不愁没饭吃，你到哪里都可以有尊严地生存，而不是用尊严换饭吃，这才是真正的"铁饭碗"。这种能力可以让你到哪里都有价值，到哪里都是稀缺资源。如果你换一个地方就没饭吃，那么你就没有"铁饭碗"，说明你的生存能力很弱。

34

年轻人可以选择安逸吗

工作一定是辛苦的、有压力的，那么，家庭条件好的人，是不是可以选择安逸，不用那么辛苦？

我不赞同年轻人选择安逸的工作和生活方式，人要把眼光放长远。你现在的安逸是建立在父母辛苦打下的"江山"的基础之上的，等你父母老的时候，等你父母不在的时候，你靠什么安逸呢？

二十几岁的人一定要做好选择，因为这时你的父母还年轻，你可能还没结婚生子，没有太大压力，即便在职场上遭遇挫折，你也可以有很多选择。哪怕你在马路上睡几晚，也没什么丢人的。但是当你到了 35 岁，上有老、下有小，每个月你都要拿一笔钱出来的时候，你突然丢了工作，或者发生其他什么闪失，那么你的压力会非常大！我最不希望看到的就是我们的人生走到这个地步，一个人本应该在奋斗的年龄却选择了安逸，到年老本该享受安逸的时候却面临着贫困。

人这一辈子，年轻的时候怎么穷、怎么辛苦，我认为都无所谓，不丢人；丢人的是年轻的时候吊儿郎当，踩在父母的肩膀上享受，等到年老的时候，你再心有不甘也没有用了，因为你已经折腾不动了。

所以，你在二十几岁的时候一定要把这些事想明白。人生不只是为了享受物质生活，更多的是为了体验工作和生活的过程，通过工作体验人生的成就感。

35

学历不高，怎么找工作

很多人找不到好工作，感觉生活很累，因此得出结论，是因为"我学历不高"。

我们总喜欢用外在的东西来掩盖自己能力的不足、思维的懒惰。

学历有什么用呢？当你找第一份工作的时候，需要用学历当"敲门砖"，包括职业资格证书也一样。

如果你的学历低怎么办？怎么找工作？我的建议是，你可以进入门槛相对较低但未来有发展前景的行业，比如自媒体行业，在这个领域沉淀两三年，使用1万小时定律，你也有可能成为该领域的专业人士。

比如你是中专学历，通过努力，你在第一家单位成为一名短视频运营经理，那么说明你很优秀，因为别人本科水平才做到和你同样的职位，你较学历比你高的人进步得更快。

如果你在找第二份工作、第三份工作时，不能用上一家单位的光环，还要完全靠你的学历找工作，那么大概率说明这些年你一直在混，没干出什么成绩来。

36

给职场新人的一封信

下面这段文字是我在 2009 年写给我的新员工的，现在保留原文送给你。

成长

谁都想在自己所认为的理想环境中发展，并且尽快取得成功，但想象往往与现实相背离。现在有太多的人把成名、成家和艰苦奋斗割裂开来，总以为会有捷径，总以为可以依靠别人，甚至以为可以投机取巧，结果却发现这些想法是错的。年轻时的理想随着时间的推移和现实的残酷变得荡然无存，于是这些人开始变得浅薄、势利、得过且过、斤斤计较。

我认为我们应该像树一样，虽然不会每天都能让人看到成长的迹象，但每天都在踏踏实实地成长。这样几年过去，小树长成了大树，大树长成了参天大树，在坚实的大地上就拥有了足以让自己生存的一席之地，并且可以在炎夏给人们送去一份清凉。在一家单位工作也一样，首先你要学会坚持，几年之后你会发现你的成长出乎你的意料。但如果你在一家单位工作不到两年就离开了，那么你不会有什么收获，如此下去，你会发现你的青春都浪费在频繁换单位这件事上了，除了有些浅薄的经历，你连自己的立足之地都没有。

工作

成长不是等来的，成长靠的是用心工作。工作是我们生存、成长、养家的基础，没有工作也就没有一切，所以对待工作不能应付。我们工作不是给别人干的，而是给自己干的。认真工作，把工作做到极致，才是对自己负责任的表现。我们工作的目的是要有一个好的结果，是要让我们服务的对象感到满意，否则就是浪费了自己的时间和组织的资源。

人生如同比赛，有时一旦落后就很难追上了。如果你认为每天工作"摸鱼"混日子就够了，那么你错了，太多有梦想的人每天都在努力工作。如果你不信，可以晚上到一些集中办公的写字楼看看就知道了。你的心在哪里，结果就在哪里。你的心如果在工作上，那么你会收获很多成长的快乐和财富。

虽然不同的工作岗位有不同的要求，但这些岗位都要求有较高的职业素养。比如，无论何时，只要客户有需要，我们就要及时回应。再比如，对待工作要认真、严谨、注意保密等。我希望别人对你的评价是"受过严格的职业训练"。

为人处世

职场中的人都会关注自己在一个组织中的口碑。你希望别人怎么对待你，你就要怎么对待别人。别人希望你怎么对待他们，你就怎么对待他们。为人处事要真诚，万不可耍"小聪明"，你的任何"小聪明"时间久了别人都会知道，结果害的只是自己。

在一个组织中，有时会有暂时的不公平，但时间久了，你会发现世界对任何人都是公平的。你要把关注点放在自己的工作上，而不是放在个人暂时的得失上。如果你只关注自己眼前的利益，你就会发现世界永远对你不公平！清者自清，不必抱怨，不必去做无谓的解释，那样只会让事情变得更加复杂。我们可以在一滴水中见到整个太阳的光辉。如果你是优秀的，别人终会知道。

学习

一个人的成长仅靠上班时间是不够的，下班后的学习和提升同样重要，甚至一个人下班后的作为可以决定一个人的未来。优秀的人往往会放弃或减少一般人的快乐，如郊游、娱乐，忍住不为琐事争执、澄清，不为小事纠缠，只专注于自己的目标。

未来

我们追求物质和精神同时富有，追求安全、美好的未来。

我们追求工作有成就感，被社会认同、被社会尊重。

我们永远坚持"认真工作、快乐生活"的原则。

第三部分

初入职场

37

初入职场学什么

不管你曾经在大学如何优秀，参加工作后都首先要藏起锋芒，以谦逊和积极的心态去学习和掌握公司的规章制度、业务内容、业务流程、运作模式等。因为从学校学的东西和企业需要的还是有差距的，而且每家企业都有自己的特点。

参加工作以后，我们在学习方面需要更加注重实用性和前瞻性，所以对待学习要有开放的心态。很多时候我们学习不是为了求同，而是为了求不同。如果你学到的东西都和你的认知是一样的，那你就不用浪费时间学了。

你应该去好好学的往往是那些和你的认知有差异、有冲突甚至是让你感到不舒服的东西。真正的学习是能够拓宽你的思路、扩大你的认知，让你的思想上升到一定高度的。

你还要关注你学的东西有多少能够用到工作中，如果不能用到工作中，不能给企业创造价值，那么你学的东西多半是无用的。

你学的东西和你的认知偏差越大，它给你带来进步的可能就越大，当然，前提是它必须符合自然规律和伦理道德。

38

最可怕的思维陷阱

初入职场最可怕的思维陷阱是"钱多，就多干；钱少，就少干"。

我也打过工，我也穷过，我也知道钱很重要，但是我从来没有因为给钱少而不好好工作。我一直认为，只要我好好做事，总会有钱的；我越好好做事，我的价值就会越大。

以我的经验来看，工作前几年，你要关注的是能力的提升，千万不要把钱看得太重。你关注的焦点只有一个，那就是好好工作。在面对工作选择时，你要考虑的是：这种选择是不是对你的能力有提升，而不是钱多、活少。

39

不会来事的人，老板喜欢吗

我们有时候太敏感，总感觉老板喜欢会来事的人。

其实，老板本质上还是喜欢能干事、会干事并且能干成事的人，而不是只会来事的人。就算你再会来事，如果他交给你办的事，你把它搞砸了，再交给你办个事，你又搞砸了，那么放心好了，他不会重用你。

假如你人缘不好，但是他交给你的每一件事你都干得很好，那么他一定相信你。老板都愿意把重要的事交给能够做好的人，而不是那种虚头巴脑、喜欢吹牛的人。"会来事"本质上没有意义，最多只会让人一时感觉舒服，但"感觉"这件事和公司的发展与生死相比一文不值。

40

老板真的在压榨你吗

老板和员工，也就是雇主和雇员之间，用法律语言来说是什么关系？

雇主和雇员之间是契约关系，是合作关系。

既然雇主和雇员之间是契约关系，那么就不存在谁压榨谁的问题。比如，你是开饭馆的，我去你的饭馆吃饭，我们便是契约关系。在契约关系中，你说谁压榨谁呢？是买方压榨卖方，还是卖方压榨买方？就像你到饭馆去吃了一碗烩面，老板没有强迫你吃，而是明码标价，你是自愿的，是吧？

我知道这种说法你听了心里可能会不舒服，这正是问题所在，说明你在用感性思考问题而不是用理性思考问题。如果你带着情绪，就没办法思考问题，因为你只会做出情绪的本能反应。

你认为老板在压榨你，说明你从感性层面给自己的定位是弱者，而老板是强者。然后你陷入一种思维定式：强者欺负弱者，弱者无力反抗。你也可能带着负面情绪，想证明你冤，给自己的失败找个理由：我本来不该失败的，是别人压榨我了。

这些话说得有点重，但我希望你能用理性去思考，别被情绪左右自己的大脑，进而得出错误的结论，给自己的成长设限。

v v v
v v v
v v v
v v v

41

比"加薪"更重要的是什么

"我加入了 3 个人的团队，入职 4 个月，把销售额从 5 万元做到了 30 万元，我怎么跟老板提加薪？"

其实，这个问题暴露了职场中很多人普遍存在的问题，就是太看重眼前的利益。与付出相比，收益是有滞后性的。通常，可以干完活就拿钱的人是干零工的。所以，不要干出一点成绩来就想要立即获得回报。

从上下级关系的角度来说，我不建议你直接跟老板谈加薪，因为谁的业绩好，老板比谁都清楚。

从入职时长来看，你入职这家公司才 4 个月，说明你还是个新人，所以我建议你先熟悉公司的规章制度和文化。

从你的业绩来看，公司应该还是一家初创企业，规章制度也许还不完善。

从个人成长的角度来说，今后你可能会参与公司规则的制定，比如参与制定薪酬体系、奖励分配体系等。这会逼迫你去学习很多新东西，这就是一个人成长的机会。在这次成长的基础上，你会在未来收获更多。

42

如何选择自己的工作方向

总有人问我该做什么工作，比如，去大公司做高级技术员好，还是去小公司做管理好？考研究生好，还是考公务员好，或者是去企业好？这类问题我无法给出具体的答案。

工作本身没有绝对的好与坏，只有适合与不适合。所以，我们不能简单地用好与坏这种二元思维来判断一个工作或者行业。那么，我们该如何选择自己的工作方向呢？我们可以从以下几个维度来思考。

风险偏好

从我们对风险的认知来看，风险最小、最安全的是机关事业单位，其次是大企业，再其次是成长型企业、初创企业，风险最大的是自己创业。你可以根据自己的风险偏好来选择工作。一般来说，你要有和自己的风险偏好相对应的风险承受能力。

如果你一点风险都不愿承担，也不敢承担，而且你学习好又善于考试，非常喜欢稳定，喜欢那种看见开头就知道结尾的生活和工作方式，这辈子也不求事业多么成功，只求安安稳稳地过生活，那么你就可以选择稳定性强的工作岗位。相对于你的风险偏好来说，这的确是一个比较好的选择。

但是，如果你做出这样的选择，就要有一定的心理准备，那就是如果过度依赖一家单位，你可能会为此付出一定的代价、失去一些东西。

价值需求

如果你想多挣点钱，让自己的人生精彩，但是又不想风险太大，该怎么选择呢？

如果你学历高又善于学习，那么你可以去大企业，特别是世界 500 强企业，包括大的国企、央企。如果你家庭条件很好，可以给你物质和资源方面的支持，那么你可以去大的央企，特别是金融公司。

如果你学历一般，家庭条件也一般，还想成就点事业，那么你可以去成长型公司，与公司共同成长。即便这种成长型公司会倒闭，只要你一直在成长，就算再换一家公司也不影响你继续发展。如果你努力成长并且进入公司的核心层，那么将来你可能会持有这家公司的股份。

最经典的例子就是拼多多的创始人黄铮。黄铮大学毕业的时候，段永平给他的建议是别去微软，去谷歌，因为微软是非常成熟的公司，发展空间有限；而谷歌是成长型公司，发展空间很大。黄铮去了谷歌，结果两年之后，谷歌上市，他在拥有了这家公司的原始股后，将其卖掉赚了几百万美元，这成为他创业的第一桶金。

如果你是专科生甚至没有学历，那么你可以先找一家愿意接纳你的企业，因为此时你还没有资本选择别人，只能被选择，你坦然面对就好。但是，这绝不代表你一辈子不会有好的发展。只要你不放弃，坚持多做事，多锻炼自己，提高自己做事和解决问题的能力，那么你一样会有非常好的发展前景。我有很多学生就是普通职业学校毕业的，现在有些人已经做到高管级别了，发展得也很不错。

企业文化

在风险偏好和价值需求这两个维度的基础上，还可以再增加一个维度，那就是企业文化。你就职的这家公司的企业文化最好是积极向上的，是鼓励员工做事和成长的，而不是论资排辈的。

如果一家公司的企业文化是不思进取的、论资排辈的，特别盛行打小报告、溜须拍马，那么你这辈子如果还想做点正事、做成点事，就不要去这样的公司，因为在这样的文化氛围下，谁都没有心思认真工作。而在一家充满正向文化的公司，大家都在干正事，人际关系相对简单，考核也相对公平、透明。你只需要把时间和精力都放在做事上，把事做好，不需要巴结领导，你成长得就会快。这样的企业文化是"唯下"，而不是"唯上"的。

在泰山管理学院，我规定下级不能给上级送礼，下级不能请上级吃饭，甚至下级不能给上级的朋友圈点赞。我就是想营造一种"唯下不唯上"的文化氛围，所有的考核，包括工资全部是透明的，员工不需要用任何心思巴结领导。从学院成立到现在，没有一个员工给我送礼，没有一个员工请我吃饭。我崇尚人格平等，不喜欢巴结别人，更讨厌别人巴结我。

当然，有人的地方就有"江湖"，泰山管理学院还没有完全达到我理想中的状态，我们还在努力改进没有做好的地方。

结语

所以，要想知道自己适合做什么、该找什么样的工作，需要先明白判断和选择工作方向背后的逻辑，多从几个维度思考问题，而不是人云亦云，凭感觉做出判断和选择。

得到一定伴随着失去，当你做出了选择，得到某些东西的时候，你一定会失去一些东西。人生就是一个不断选择和取舍的过程，你不需要因此而患得患失。

43

将基础能力形成闭环

　　直播间经常有人会问一些这样的问题，诸如孩子读高中成绩不理想怎么办，孩子中考没考好怎么办，不考研找不到好工作怎么办，等等。问这些问题的人关注的都是如何应对已经发生的、与自己的期望不符的"果"，却没有关注为什么会产生这样的"果"。其实，如果不知道这种"果"背后的"因"，不去纠正这些"因"，那么在接下来的人生旅途中，你还会连续遭遇非你期望的"果"。

　　孩子学习不好，考试考不好，这不是一天、两天的事，我们需要追溯造成这种结果的原因，比如，在这么长的时间里，关于孩子的学习，我们做家长的都做了什么？是否只关注孩子的学习成绩，而忽视了孩子能力的培养？那些担心孩子不考研找不到好工作的家长，是不是因为没有培养出孩子必需的能力而不自信呢？

那么，能力是什么？年轻人应该具备哪些能力？

运用第一原理思维，我们可以把一件事或一个项目不停地分解，分解到最底层，即把抽象的分解成具体的，把复杂的分解成简单的，把难的分解成容易的。

能力是一个抽象、笼统的概念，如果我们把能力分解到不能再分解了，就会发现，能力无非就是"听、说、读、写、做"这几种能力的闭环。这样我们就可以搞清楚我们需要具备哪些能力，还欠缺哪些能力，离形成闭环还差多少，之后我们可以有意识地去培养和训练这些能力，从而提高我们的综合素质。

当你把"听、说、读、写、做"这些能力形成闭环后，就可以从多个维度去看事情；当你能够把事情看透后，就可以心无旁骛、恰如其分地做自己该做的事情，并且少走弯路。

v v v
v v v
v v v
v v v

44

"草根"该如何奋斗

　　普通家庭出身的人，无论大学生还是普通工人，向上晋升的一个基本条件就是先在某个领域内拥有专业技术，并做到一定高度。曾经有个小品，里面有一句台词："八级木工相当于中级知识分子。"这不是胡说，是有依据的，因为现在的木工需要懂各种机械、需要看得懂各种施工图纸，并且现在的木工证是由国家职业技能鉴定中心统发的。所以，任何一个工种，只要你做到第一，或者只要你技术过硬，那么你很容易生存，根本不必愁没收入。

　　如果你觉得在你的单位技术过硬不管用，仍然得不到领导的赏识，那么你可以在你所在的行业里做到优秀。当你足够优秀时，同行的领导可能会知道，那么当你的领导与同行见面交流，听到别的领导说自己家谁很优秀的时候，他会反思自己，可能就会关注并重用你。当然，如果领导就是看不见你的优秀和你做出的成绩，你也可以选择跳槽。

家境富裕就可以不用吃苦工作吗

"我家境富裕，但我的工资太低，我也不想吃苦，该怎么办？"

我认为这反映了两方面的问题：第一，你的父母缺少对你的正向引导，也没能让你明事理；第二，你心态不够好，也不是一个明白人。

第一，我为什么说你的父母缺少对你的正向引导。

我举个例子，我曾经碰到过一个小伙子，他的家庭条件非常好，工作以后他父母对他说了一句话："你好好跟着老板干，先干到 30 岁。不管给你多少工资都要干，不给钱也要干。如果钱不够花了，可以跟我们要。"这是明事理的父母，他们知道当下什么对孩子最重要，知道应该如何培养孩子。

但是我们很多父母生怕孩子在职场上吃亏、受苦，不能给孩子正确的价值观导向。

第二，我为什么说你心态不够好，也不是一个明白人。

我们来看这个问题背后隐藏的真实想法。你家境富裕，但因为工资太低，又不想吃苦，所以你真正想问的其实是像你这种情况，不工作是不是可以。

我想告诉你的是，不可以！如果你是这种心态，那么你家里有多少钱财都没用，早晚会被你坐吃山空。这是你必须思考和面对的问题。

人这一辈子需要有各种体验，只有经历了人生的酸甜苦辣，你才会对人生有完整的认识。每个人都需要在成长过程中去付出，没有谁可以不付出就直接享受生活，尤其是成年以后。

我们年轻的时候最重要的是成长，是对能力的培养，在工资上太计较没有意义。刚毕业时的工资，比如一个月 3000 元或 5000 元，在这个基础上，你去计较一个月多拿几百元，甚至多拿 1000 元或 2000 元，可能只是对你解决眼下的生存困境有意义；但是从长远来看，只盯着眼前的这点利益对你未来的发展没有意义，这种观念会限制你的眼界，让你看不见自己未来的前景，或者会限制、阻挡你未来发展的各种可能性。

其实，当你的能力达到一定水平的时候，你的收入就会成倍地增长。而当你能力不足时，你唯一要做的就是提升自己，开阔自己的视野，让自己变得更优秀。所以，不要着急，要沉下心来做事。

假设你每天比同龄人多工作 1 小时，你每个月的收入会多 1000 元，如果下个月你每天再多工作 1 小时，你每个月的收入又多 1000 元，那么你可以计算一下全年的收入会增加多少。

很多时候，成长所带来的收益是可以计算出来的，不是遥不可期，也不是稀里糊涂靠运气得来的。虽然有时候成长中有运气的成分，但运气也是青睐那些勤奋、上进和自律的人的。

为什么我总是鼓励你成为稀缺人才呢？因为人的价值和稀缺性成正比，而稀缺性取决于一个人的能力、态度和毅力。如果你只想混日子，那么你根本没有稀缺性可言。

稀缺性和收入的关系，我们可以这样理解，在某个领域，第一名比第二名的收入高出一大截，第二名比第三名的收入也高出一大截，但是倒数第一名和倒数第二名的收入基本上没有差别。

这就是为什么我一再强调你要选一个领域，哪怕是很小的一个领域，坚持下去，往前走。我自己就是这么一路走过来的。

你要想清楚自己到底想要什么，是想混日子，还是想让自己成长起来，在成长中体验生命的意义。

46

面临关键选择时要怎么做

决定我们行为的是我们最底层的认知。

无论在职场中还是生活中，我们之所以在面临关键选择时左右为难，最主要的原因是我们不知道用什么标准来判断。

任何选择都是在考验我们对得失的取舍，你是更关注现在还是更关注未来？如果更关注眼前的利益得失，你就会选择现在对你最有利的，那么未来如何对你来说无所谓；如果更关注未来的长远利益，你就不会过多关注眼前的利益，而是更关注是否有未来。

不要用现在做判断，要用未来做判断。凡是能够成就未来的事，现在就开始做；凡是有机会取得成就的事，立即开始做。可是，如果我们不知道有没有未来，不知道有没有机会怎么办？那就去做，先做再说。

人生总要面临很多选择，不要把选择当作困难、当作问题而找借口逃避，或者放任自流，被动做出选择。

年轻人在奋斗期一定要主动去做，不要找借口逃避。同样一个问题，它既可以成为障碍，也可以成为机会，我们永远不要只看问题的表面，而是要看到问题背后的机会，凡事先做再评判。

2002 年，我面临重新找工作的问题，当时有一家单位给的月薪是 3000 元，另一家单位给的月薪是 6000 元。当年对我来说，月薪 6000 元更能解决我的家庭经济问题，但是我选择了月薪 3000 元的工作，因为我的原则是哪家单位会让我更有未来就去哪家。

我们所有的选择都要看未来能带给我们什么，这是我们价值判断的标准。

47

职责外的工作要做吗

"不在职责范围内的工作可以做吗?"这可能是困扰所有职场人的一个普遍性问题。

在我们成长的重要阶段,也就是 30 岁之前,锻炼比挣钱更重要,成长大于一切。要想成长得快,就必须多做事,我就是这么成长起来的。所以,你要把握的一个原则是,如果你能把本职工作做好,那么对于本职工作之外的事要尽可能多做。

以我自己为例,最早的时候我做业务员,因为业务做得好,部门经理就让我负责培训,但是没有报酬,我还要继续做业务。虽然培训工作没有报酬,还占用了我做业务的时间,却让我发现了自己的潜力。我就是通过做培训,把自己的讲课能力锻炼出来了。

　　你要尽可能接受你的上级给你安排的职责外的工作，因为当你在帮上级做事的时候，本质上是你在管理上级，你在借助上级的资源使自己成长。管理的本质就是资源配置，你在帮上级配置资源的时候，相当于你在锻炼自己。

　　那么与自己平级的同事的工作要不要帮着做呢？这要看具体情况，同事之间相互帮忙也是情理之中的事，谁都会有忙不过来的时候，职场中不光有竞争还有协作。但是你要有原则，就是首先不能影响你自己的本职工作，其次必须是在同事实在忙不开的时候帮忙，不然你可能会成为"冤大头"。

　　人这辈子一定要先做自己的贵人，不要错过每一次让自己成长的机会。

v v v
v v v
v v v
v v v

48

领导安排的工作总是变怎么办

"领导交代的任务，一天之内有十八般变化，还总有道理，我该怎么办？干还是不干？"

问这个问题的同学其实是带着一些情绪的，既有烦躁、不屑，又有无奈，但是没有思考过为什么，或者没有想明白为什么。

我不确定这位同学口中的领导指的是他的老板还是一般的管理者。但是通常来说，管理者改变工作安排也是因为他的上级要变或者因为没有达到上级的要求。所以，我就从这个层面来分析这个问题。

思想认同

其实在职场中，多数人更喜欢一成不变、简单的工作。当然，一些领导也不喜欢变化，最好是靠一种模式发展下去，一直保持高效的产出。

我们不喜欢变化，是因为任何变化都是挑战，会给我们带来恐惧的情绪。但是市场是变化的，企业不得不应对市场的变化，因为外部环境变了。

所以，领导给你安排的工作在你做的过程中也会改变，比如丰田公司的"现场改善"措施，即若在现场发现问题，就在现场解决问题。

当你认同了变是因为不得不变，你在思想上就不会再抗拒变化，很多事情做起来就会容易很多，也会比较容易就某项工作去和领导做更有效的沟通并达成共识。这样做的结果是你的工作会更有效率，也更容易出成果，时间久了，给你带来的成长和收获也一定是非常喜人的。有时候我们能力的提升正是源于在工作和生活中应付各种不确定性所带给我们的磨炼。

确定工作目标

改变，一方面来自市场的变化，一方面来自工作过程中（如考虑不周或者需要进一步优化等）带来的改变，一方面来自你理解的偏差。无论哪一种改变，都会影响到你正在做的工作，也许这项工作需要推翻重来，也许需要修正，而这些可能都需要增加工作量或者增加工作难度。

在职场中，不管领导给我们安排什么工作，我们首先要明确一件事，就是这项工作的目标是什么，然后搞清楚完成这项工作所需的资源有哪些、条件和要求是什么，这些是我们在接受某项工作的时候一定要先明确的。

其实，有时候你理解的改变可能不一定是真的改变，也许是因为你没有搞明白这项工作到底要达成什么目标，或者是因为你理解偏了，领导只是在纠偏而已。

也有人抱怨说，领导喜欢把话说得很模糊。我认为这里面有领导自己的习惯因素或者领导自己也不是很清楚具体要怎么做。而且，有些时候未必就是领导有意把话说得很模糊，可能只是因为领导和员工站的高度和看问题的角度不同，以及对工作的理解和把握不同造成的。领导以为自己说明白了，但是你可能还是云里雾里搞不清楚状况。

所以，你一定要学会确认，确认自己理解的工作内容和要达成的目标是否和领导一致，千万不要想当然。最好是经过文字确认，比如通过邮件或者工作平台进行确认，或者通过面对面地沟通来确认，并且事后将沟通的内容言简意赅地整理成文字再进行确认，这是非常好的工作习惯。

不要害怕和领导进行沟通和确认，这样做能够让你和领导对这项工作都有更深入的思考，可以让你避免因理解偏差而做无用功，也能让你们在这个过程中优化和改进这项工作。

把姿态放低一点

很多人都有一个弱点，就是眼睛里都是别人的缺点，总觉得别人不如自己。也有很多人自信心爆棚，喜欢按自己的理解我行我素，如果自己理解错了、做错了，就把责任归咎于别人交代得不清楚，这是我们在职场中首先要克服的弱点。

在你经历得还不够多的时候，你现有的能力还不足以让你轻松应对各种复杂的局面，所以，你必须学会把姿态放低，沉下心来打磨自己。这也是做人必须有的姿态，成长就是从虚心开始的。

改变都是对的吗

也许你会问：改变都是对的吗？我为什么一定要按照领导要求的改变去做？

的确，改变不一定都是对的，也有因为改变而使结果变得更糟的情况。但是改变的初衷是为了让结果变得更好，所以值得去尝试。

作为员工，执行力也是非常重要的能力。决策是领导的责任，风险也是领导在承担，所以当领导决定改变，员工只要去做就好了。

可是会有胡乱改变的情况吗？

会有，但概率很低，因为领导一般不会拿自己公司的生死开玩笑。

如果真有这种情况，那么你要思考一些问题，比如公司领导怎么样、公司前景怎么样等，权衡利弊后再做判断。有时候我们在职场中需要沉住气、冷静等待时机，而有时候则需要当断则断。

v v v
v v v
v v v
v v v

49

做一辈子技术可行吗

　　做一辈子技术是没问题的。技术大致分为两大类：一类是原创技术，一类是应用技术。除非你在科研方面很有天赋，你可以去做原创技术，否则你要去做应用技术，就是为客户、为市场做技术，即便将来你失业了，也能很快找到工作。

　　做应用技术的人不能运用纯技术思维，而是要用客户思维。纯技术思维是根据自己的意愿做事，不考虑变现，但老板关注的是产品有没有用、能不能卖出去，如果你的技术对客户没有用，就是浪费了客户的钱财；而客户思维则是先考虑社会需要什么、客户需要什么，然后根据市场需求去做。

如果你喜欢技术，那么一直做技术就好了，做技术也会很有前途，你的技术能力会让你随时找到工作。只要拥有这种能力，做一辈子技术是没问题的。

50

如何管理上级

"如何摆平领导？"这话听起来口气很大，也有点狂妄。其实，这位同学问的是如何管理上级，这是每个职场人必须直面的问题。

世上没有完人，领导也一样，你很难找到你理想中完美的领导，比如既有能力、有才华、有胸怀、有理想，同时又会用人、情商高。

职场中，我们每个人都要经历理想与现实之间的落差带给自己的种种体验，可能是惊喜，可能是无奈、伤心甚至绝望。但无论是哪种体验，等你回过头再去看的时候，你会发现这些体验都是你学习和成长的机会，哪怕是你曾经感到绝望的那一刻。

我们不要光看领导的弱点，不要只看果，还要看因。只要我们把因果看透了，再回过头来看，就知道该怎么做了。具体你要把握好以下三个原则。

第一，不要让你头脑中的一些思维定式束缚了你的行为。比如，在职场中，我们本能地会对上级产生一种仰望、胆怯、自卑、逆反等交叉的心理状态，这是感性层面的问题。如果理性分析一下，从各自要达到的目的出发去考量，你就会发现领导可以从很多方面为自己争取到丰富的资源，而且也乐于为下级提供资源。

第二，尽可能地让领导信任你。比如，很多领导喜欢事无巨细地做管理，那你就要尽可能多向他汇报工作。在你赢得了领导的信任之后，要继续强化这种信任，做事提前商量，提前取得授权，定期沟通和汇报，在大的节点上更要汇报、请示。

第三，尽可能地让自己优秀，做出一些成绩，然后争取一个独立的空间。比如，当你成为一家子公司的负责人时，你会有一个相对独立的运营空间，就可以按照自己的想法做事。

51

怎么看"老板不聪明"

老板也不是万能的，在某些方面可能不如员工。假如你遇到这种情况，你难道不觉得这是你的机会吗？如果你的老板、你的上级、你的同事都很优秀，那么还有你的机会吗？

企业在成长过程中也是一路跌跌撞撞，内伤、外伤一大堆，而这些问题、痛点就是给你的机会。

如果你觉得老板不聪明，那么你可以跟老板商量，帮他管理公司。即便你没有把公司管理好，你也因此得到了锻炼，能力得到了提升，何况如果你管理好了呢？

我们要学会辩证地看问题，不要总是看眼前的问题、眼前的困难、别人的问题、别人的不足，而是要学会看到问题背后的机会。

v v v
v v v
v v v
v v v

52

如何与领导相处

在一家企业中，老板承受的风险和压力是最大的。所以你和老板相处，包括和上级相处都是一个逻辑，即你要知道当下他面临的状况，从这个角度出发去思考问题，你就能更好地与领导相处。

你的上级或你的老板要领导一支队伍、领导一个部门、领导一家单位，他靠什么领导？第一，他要靠他刚性的权力，也就是这家单位赋予他的权力。第二，他要靠他的能力，某种程度上也可以说是他的权威。

如果你不认可他的能力，也不认可他的人格魅力，那么他就会很窝火。比如，领导公开批评你的时候，你觉得不合理，公然顶撞，好像你做人很耿直，但是你忘了一件事，你

"伤害"了他的权威。他更关注的不是你这个人、这件事，而是以后这个部门要怎么领导。作为一家单位的领导，他需要有权威，而员工是要维护他的这种权威的。

如果他批评你，那么你认错就好了。公开场合你千万别顶撞，如果你认为自己很冤，可以私下解释，不要一点小事都承受不了。

当你和领导相处的时候，还要记住很重要的一点，就是不管他的社会地位有多高，你和他在人格上是平等的，没有高低之分。而且，不管他是否包容你，你首先要包容他，要敢于承担责任。你不要用思维定式，认为领导就应该怎样，你要想的是你做的事是不是让你成长、让你变得成熟。

53

工作中该不该替领导"背黑锅"

我有一次听沃尔沃集团的高管吴瑜章讲课，他说一般情况下，华人在跨国公司做到全球集团副总裁需要 40 年的时间，而他只用了 20 年，他 40 岁就做到了副总裁的位置。

他是怎么做到的呢？他很能干，取得了很大的成绩，但是他把他取得的所有成绩都归功于他的领导，而把领导犯的所有错误都归咎于自己。后来，他的领导得到了提拔，被提拔上去之后，他的领导的这个位置就留给了他。

这个故事刚好验证了一句话：成就别人等于成就自己。这是智慧。

哪个人成长到今天，想做成点事没有背过"黑锅"，没有受过冤屈？我们甚至会受到一些屈辱和痛苦，而这些是我们一辈子都没地方说、也没法说的事。

　　如果你稍微受点委屈，就到处说、到处发泄，那么说明你的认知还停留在普通员工层面上。如果你想在职场上有所发展，那么这个"黑锅"你可以背，但不可以背违反法律法规的"黑锅"，背这样的"黑锅"不代表你有智慧，只能说明你懦弱。

54

领导答应的事没兑现怎么办

领导答应的事无非是和一些工作细节、调岗、调工资等有关。如果你觉得领导不讲信用，你有更好的选择，那你就离开；如果你没有更好的选择，那你就好好干活。

职场中最重要的是让自己成长，不要太在乎名利。比如，领导想提拔你，结果半年过去了，没有音信，你很着急，于是跟领导说，你答应我的事为什么不兑现，你作为领导说话不算话。你这样和领导沟通，那么效果会适得其反。

我们总认为级别越高的人，可掌控和利用的资源越多，其实不完全是这样的。职位越高的人可能越无奈，因为他要平衡的事情很多。而员工认为领导有权力，只要答应了就可以做到，却从来没想过自己是否还有没做好的地方。

你的任务是把工作做好，只要你把工作做好了，其余的事就是水到渠成的了，而且领导这么信任你，已经提前告诉你了，无非是早晚的事。大概率是这样的，除非这期间你捅了大娄子。

如果你认为领导迟迟不兑现是在对你进行某种程度的精神控制，那么我认为这种情况可能会有，但是概率极低，因为领导没必要在员工面前失信。

55
同事之间能做好朋友吗

事实上，在职场中，有很多人和同事关系好，和领导关系不好，整天和同事一起谈论是非。你的同事的认知高度大概和你一样，甚至可能还不如你，你整天和他们一起谈论是非，你不怕被拖下水吗？

我这样说并不是叫你不要和同事搞好关系，而是想告诉你，要想成长，你必须让自己的眼睛往上看，看那些优秀的人、认知高的人，而不是把时间消耗在无意义的社交上。和同事搞好关系固然重要，但这并不意味着你要听信他们的话，尤其是那些"职场老油条"的话。

有些从第一家单位离职的人就是受到一些"职场老油条"的影响。一个"职场老油条"的一句话就把领导说得很不堪，领导再说 100 句话也扭转不了你对他的印象，然后新员工不了解实情，信以为真就离开了，这是很悲哀的职场现象。你要是离开一家不好的单位就算了，可你要是离开了一家好单位，可能哭都来不及。你想想，既然领导那么不好，那些"职场老油条"为什么不走？你走了，他的压力和危机感不就减轻了吗？想当年我从第一家单位离职就是这种情况，但是那时候市场好，是增量市场，我毕业的时候赶上了经济发展的上升期。如果单位不好，你再换一家单位也无所谓；而如果你在经济形势总体不好的时候离开一家好单位，那就比较痛苦了。当时没有人告诉我这些，现在我来告诉你们。

有时候我也替你们着急。因为你们没搞明白，同事之间毕竟存在着竞争关系，拥有真正的朋友关系并不容易。有些同事之间因为存在利害关系冲突，可能会暗中较劲。即便你不较劲，也不代表别人不会较劲。这不是心理阴暗，这是人性。只有不给人性中不好的一面苏醒的机会，你才能不让自己受到伤害。虽然你和同事之间未必会成为好朋友，但保持适当的和谐的关系也是需要的。

如果你和你的同事晚上喝酒骂领导，但是有人真骂、有人假骂、有人是为了迎合，而你当真了，那么你很可能会被出卖。同事之间相互骂领导是不对的，你要为自己的成长负责。

56

怎么对待爱议论别人是非的人

总有一些人爱议论别人的是非，该如何对待呢?

如果你看他们不顺眼，或者你不想与他们同流合污，那么不搭理他们就好了。如果你是那个被议论的人，那么你更不要搭理他们，要是你当真，你就输了。如果你是旁观者，又是人微言轻的那种人，就不要参与，做好自己就好了，这就是独善其身。《增广贤文》里讲道:"谁人背后无人说，哪个人前不说人"。你不去做那个推波助澜的人就好。虽然语言能伤人，但只有当你在意的时候，它才有杀伤力;如果你根本不在意，它就什么都不是。

做好自己有两个层次:第一个层次是独善其身;第二个层次是穷则独善其身，能则远离"鸡群"。

如果你自己有足够的能力，并且有心想做些什么让世界变得更好，那么你可以尝试影响别人。如果你没有这么大的情怀，那你就远离让你不舒服的人群，这也是人之常情。

如果你还年轻，还没有能力影响别人，那就要做到不被别人影响，不要让别人的指指点点困住自己，你要心无旁骛、一心一意地做事，把别人的指指点点当作对自己的考验。年轻时多经历一些事不是坏事，就像我，如果不经历那么多磨难，我怎么会成为你们嘴里的"老江湖"呢？

你不经历足够多的苦难和磨难，怎么会成长、变得成熟？当然，我们不需要主动去找苦难，但是当你不得不应对苦难的时候，你要能坦然面对。就像网络里的那句名言："欲成大树，莫与草争；将军有剑，不斩草绳。"所以，不要恋战，要学会及时止损、及时抽身。

我们要先自渡，再渡人，做一个有能力、有思想、有格局的人。

57

成年人的交往准则是什么

"大家明明都差不多，但是见面后要么相互吹捧，要么相互数落，我该怎么面对？成年人之间的交往为什么要这么虚伪？"

虽然成年人在交往过程中有时会戴着面具说话，但是我们也不需要太悲观。首先我们要正视这种现象，然后再考虑如何自处、如何和别人相处。

成年人的内心世界比较复杂，每个人都有自己的行为方式：有的人戴上面具是由于内心欲望被激活；有的人为了掩盖自己的自卑，被各种情绪裹挟着，戴着面具生活。面对形形色色的人，我们应该如何与他人交往？与他人交往的准则是什么？

第一，行为比语言重要。不回复就是最好的回复，比如，当你问别人问题或者和别人聊天时，他如果不搭理你，那么这一定是最好的答复，你没必要再上赶着请求别人。对成年人来说，行为是最好的答案，不要把彼此弄得太难堪，非要明说。

第二，语言并不完全可靠。虽然很多话听起来让人感到非常舒服，但它并不能代表说话的人是可靠的。真正可靠的是人品、人格、修养，以及在人品好的前提下和你有共同的价值观。你与这样的人深交，可以相互成就。

第三，生活中不能全是利益。利益只能是我们人生中的一部分，我们还要与更多的人一起前行，与更多的人一起相互成就、彼此温暖。

第四，要有同理心。真正让人感到舒服的人，他的人格魅力不是来自他的才华，而是他骨子里的温暖、善良，他能换位思考，不会让你难堪，不会让你难受。

第五，取悦别人远不如修行自己。人这辈子要和让自己感到舒服的人在一起，包括朋友和家人，如果觉得累了就躲远一点，取悦别人远不如修行自己。宁可孤傲的孤独，也不违心将就。年轻的时候，你不知道自己想要什么，总想把自己变成别人期待的样子，但这不是真正的成熟。成熟是学会独处，而且享受独处，能接纳自己的不完美，也能包容别人的不完美。这并不是说年轻人不需要社交，适当的社交有助于你的成长，但是不要丢失自己，不要等年纪大了的时候，才知道要做回自己。

所以，成年人之间的交往，不需要想很多，也不需要总是琢磨别人的内心，做自己就好，在接纳自己的同时也包容别人。

58

在职场中不懂人情世故怎么办

有的同学问我，要如何懂得人情世故，怎么锻炼自己，如何与别人自然相处。

我的回答是，你要把自己的心态调整过来，如果你想得太多，而做得太少，就是自己给自己找苦吃。

不要把你的关注点放在自己的面子上，而是要放在做事上，因为很少有人会真正在乎你的情绪、你的苦恼，所以你的那些顾虑、忧心忡忡毫无意义。

如果你刚进入职场，你的原生家庭没有培养你正常社交的最基本的能力，关于人情世故，你父母不懂，你也不懂，这没关系，我也是这样过来的。你要少想这些事，不要给自己贴上"不懂人情世故"的标签。没有人天生就懂，你只要有基本的智商和情商，就不会有大问题。人世间的很多道理、逻辑都是相通的，人情世故也一样，并没有多少深奥难懂，你只需要推己及人、换位思考就可以了。

其实，你不用太关注为人处世，只要学会做好基本的事，也就能学会基本的为人处世。时间久了，你就能找到做事的自信，找到为人处世的自信。不要想得太多，不要看到别人伶牙俐齿你就羡慕，那些都是表面功夫。你要做的就是坚持把事情做好，我就是这么一路走过来的。

为什么我一直强调你要专注于做事？因为我们所有的自信都来自自身解决问题的能力，而这个能力往往来自工作中的实践。比如，你接手了一项新工作，你有不明白的地方就多问几遍，直到弄明白为止，并且及时跟领导汇报工作进度；当你需要资源、需要帮助时，也及时和领导沟通。如果这件事你做成了，你是不是很有成就感，自信心爆棚？这时你会突然发现原来自己还有这么大的潜力。在这个过程中你会发现，专注于做事的过程也是提升你为人处事的能力的过程。

59

烦恼的根源是什么

你是不是经常想得太多，而做得太少？如果你眼前有重要的事情去做，你就不会被眼前的小事所烦恼。

当你还没有看明白、没有想清楚的时候，烦恼自然会跟随着你；而随着你做的事越来越多、接触的人越来越多、经历得越来越多，你看问题就会越来越透彻，越不容易被外界的声音所影响，你就会知道自己应该做什么、如何去做，烦恼也就自然消散了。而且你会慢慢知道，什么人是你应该交往的，什么人是你应该远离的。你也会知道，为了拓展自己的视野、提升自己的格局，需要从多个维度去获取信息。

飞机飞到云层之上就没有乌云了，都是蓝天。所以，你在人生中不管碰到多大的困难、受了多大的委屈，你都要努力提升自己，往高处走。如果你做了足够多的事，经历了足够多的酸甜苦辣，你就会穿越云层，就会看到蓝天，那些痛苦、烦恼也就被你甩在身后了。这是我对人生的理解。

从本质上来说，你今天之所以遭遇痛苦和烦恼是因为你站的高度不够高、眼界不够开阔、心胸不够宽广。你要做的就是让自己不停地成长，当你达到一定高度时，你的格局也就打开了，你会突然发现你的身边都是你喜欢的人和喜欢你的人，你的天空都是蓝天。

60

如何做一个情绪稳定的成年人

情绪稳定是我们在生活中、职场中非常重要的个人管理能力，为了提升这种能力，我们需要调整自己的心态和行为。我的建议如下。

第一，别找借口。如果你总是对别人不满，喜欢找借口推卸责任，认为都是别人的问题，那么你的心态就不会平衡。

第二，不要后悔。人这辈子要学会自我安慰，我也做过很多让自己后悔的事，但是既然做了就要承担相应的后果，不要后悔，因为后悔没用，只会让你精神内耗。如果你总是后悔、自责，走不出过去的阴影，你的人生就会变得暗淡无光。承认自己的不足，并且接纳自己的不完美，多做事、多思考，这才是让自己情绪稳定的正确途径。

第三，用行动照顾好自己及身边的人。你要行动起来做点事，照顾好自己和身边的人。一个人光想不做是不行的，人只有在做事的过程中，才能让自己逐渐成熟起来。

第四，相信自己是这个世界上独一无二的存在。虽然世界上没有完美的人，但每个人都是独一无二的，这正是生命的魅力所在。

第五，向内观，提升心力。情绪是你了解自己的有效途径，通过觉察自己的情绪，你会发现自己真正在意的是什么、缺失的是什么、让自己痛苦的是什么，之后你才可以学会转念，进而提升自己的心力。

第六，不要太在意外界的声音。你在意的东西越少，你的情绪就越稳定。做好自己，不要被外界的舆论、他人的评价所左右，你要有自己的判断、自己的节奏。

v v v
v v v
v v v
v v v

61

什么样的人总和别人吵架

一般来讲，认知层次偏低的人，当其与他人的观点不一致时，更容易吵架。

如果两个人的认知在同一层次上，那么当他们的观点不一致时，会相互看不懂对方，而且相互之间都想证明自己是对的、对方是错的。

如果你的认知比对方高一个层次，那么当你们的观点不一致时，他会看不懂你，但你能看懂他，这时你就可以在一个较高的维度与他对话，并且向下兼容。如果你发现他是个明白人，就说明你的话启发了他；如果你发现他不是个明白人，只关注对错，那你就不要再继续与他争论了。在这个过程中，不管他说什么，其实都是在开阔你的思路，让你见识到更大的世界，让你看到更深刻的人性。

如果你的认知比对方高很多，那么你可能都不会与他争论，也不会发问，因为你根本没有时间，也不屑与他争论。

62

看透人际关系的本质

"当你没有价值的时候，你的人际关系多半是无效的；当你有价值的时候，你可能根本不需要人际关系，因为你的人际关系可能就在身边。"这句话说得很有道理，与其追逐蝴蝶，不如把自己变成一朵花。

真正的人际关系不是靠巴结、攀附就可以得到的。你真正应该做的是腾出时间和精力让自己变得优秀。

你优秀与否并不是由你的起点决定的。深耕于某个领域，用心、专注地做出成绩才是真正有意义的事。

63

怎么活出尊严

所谓的尊严不是你想要就会有的，尊严要靠自己赢得。

当你没有价值、不被社会认可的时候，你特别希望自己有尊严，但是却望而不得；当你有价值的时候，你会赢得属于你的尊严。但那时候的你可能已经不会把"尊严"这件事放在心上，因为你的内心已经很强大，你不需要通过任何人的认可来获取精神上的满足；而当你的内心不够强大的时候，你总希望别人认可你。

现实社会有时很残酷，这些心路历程我都体验过。那么当你还不被认可的时候，应该怎么办？你要做的就是多做事并坚持下去。如果在这个过程中有人瞧不起你，怎么办？

　　我的建议是，不要把你的生命浪费在毫无意义的事情上，比如总是担心自己被别人瞧不起、不被别人尊重。你需要做的就是把自己的事情做好。

64

青春短暂，错过就没有了

现在很多企业在招聘时会对年龄设限。所以，如果你到了 30 岁甚至 35 岁还没有成长起来，那么即便你跳槽，你的成长空间也有限，而且创业成功的概率也很低。

人生最好的奋斗时光，如果你错过了，也就没有了。

也许你会说，"我并不喜欢做管理，不想操那么多心，做个普通员工就挺好，我对钱也没太多追求，所以我也不需要成长"。

其实，成长更多指的是能力的提高，职位晋升和收入增加只是你能力提高后的表现。即便你不想晋升，你也一样要成长，不然随着年龄的增长，你就可能随时被替代，所以你需要成长为不可替代的人才。

你可以从以下几个方面去思考。

坚持与沉淀

我建议你，在刚毕业的几年里，不要频繁地换单位或者换行业，你要在自己熟悉的领域内坚持一段时间，不要轻易放弃。

一般来说，如果你能在一个岗位上坚持三五年，就能在某些方面做成事。你只要做成一件事，那么第二件事成功的概率就会翻倍，你的自信心就会大增。

但是，如果你不能坚持，稍不如意就换岗位、换单位甚至换行业，一两年、两三年就换一次，无论在哪里都沉不下心来做事，一晃到了三十多岁，还是一切从零开始，那么你可能就会心里发慌，自信心也会变弱。

能力的提升需要时间的沉淀和经验的累积。不要找任何借口，比如工作不适合、环境不适合、领导不好等。这些都是外在因素，本质上影响不到你，能影响到你的只有你自己的认知。

现实中没有完美的组织，也没有完美的个人。但正是因为这种不完美，才创造了很多机会，让你去经历冲突、矛盾、痛苦，让你快速成长，让你有机会脱颖而出。你在工作中每经历一件事、每一次摔倒和爬起都是一次成长。

勤奋做事

工作中的磨炼离不开勤奋做事，这是一个人在成长过程中必须具备的品质。勤奋不仅体现在行为上，还体现在思想上。勤奋能让一个人在自己的领域把一件事做到极致，在不断磨炼中变得沉稳。

学会做人

很多人问我该怎么做人。如果你只是学一些空中楼阁式的技巧，没有任何用。只要你把关注点放在做事上，你就能够学会如何沟通、如何合作。在这个过程中，你既学会了做事，又学会了做人，走到哪里都容易被人接纳。

跟对人

除了勤奋做事，你还要跟对人，因为跟对人不仅可以让你的能力得以施展、提升，还可以让你少走弯路。

跟对人并不意味着你要找一个完美的人，而是双方前行的方向要一致。比如，虽然唐僧没有降妖除魔的本事，但是他对前行的方向非常清楚且坚定。唐僧师徒没有一个是完美的，却完美地完成了使命，因为他们前行的方向一致，并且各自发挥了所长，如此才成就了一番伟业。

在一个团队里，领导和下属之间只有相互接纳不完美、相互理解和包容，才能一路同行。其实，领导也有缺点、有不足，而你也有优点、有长处，正是你们的互补才让团队更加有力量。唐僧如果不是肉眼凡胎，孙悟空的火眼金睛就没什么用。

机会在哪里

我们很多人喜欢向外看，总认为别人有机会、自己没机会，其实机会就藏在我们日常的工作中，关键是你能否用心去寻找，不为自己的懒惰找借口。

坐等别人给机会不如自己找机会。别人给的机会，如果你还没准备或者还没准备好，那么你也未必能抓住。只有勤奋做事，等机会来了，你才有可能把握住。

第四部分

职场晋升

开始讨厌自己的工作了，怎么办

有人问："我今年 30 岁，已经开始讨厌自己的工作了，怎么办？"

如果我们在职场上感到倦怠，就要思考一下是哪里出了问题。如果你所在的行业还可以，你所在的公司也还可以，但是你并不喜欢这份工作，也没有在工作中取得成绩，那么你应当好好反思：自己是否陷入了职业选择的误区；是否无法进入工作状态。

职业选择的误区

职业选择的一个重大误区就是，认为一定要根据自己的爱好来选择工作，当你觉得你的工作和爱好不一致时，便不好好工作。其实，我们年轻的时候对所谓的爱好的认知未必就是准确的，对爱好和工作的关系的认知也是有局限性的，所以，我们找工作的时候要适当放宽选择范围，多给自己一些机会。

通常在一家单位里，你的工作范围不是一成不变的。所以，你首先要把目前的工作做好，然后给自己争取更多的成长空间、选择空间和机会，这样你才有更多可能做自己热爱并擅长的工作。

为什么无法进入工作状态

如果你到了 30 岁还没有进入工作状态，甚至到了 35 岁还没有让工作步入正轨，那么你有没有思考过自己是在用什么样的心态工作。

你可以扪心自问，是不是领导在时你假装工作，领导不在时你就应付？这是"职场老油条"的做法，跟"职场老油条"学，你怎么能够真正进入工作状态？

如果你把工作当作事业，那么你就会主动去解决工作中的难题，你就会有成就感。一旦你把工作做好了，你可以选择的晋升空间和成长空间就会变大，你的收入也会随之增长。如果你的人生是这样发展的，你还会说自己无法进入工作状态吗？

怎样才能进入工作状态

不管你是否喜欢当下的工作，要想进入工作状态没有捷径，唯有真心付出。

如果你确实不喜欢当下的工作，认为只有做自己喜欢的工作才会进入工作状态，那么这可能有难度。你可以选择的是把现在的工作做好，让自己取得成绩，然后赢得领导的赏识，进而让自己有更多选择的机会。

我也是"草根"出身，我对待每一份工作的态度都是认真的。我在施工单位的施工现场做过技术员，在外企做过人事经理，还卖过保险，所有这些经历都使我拓宽了眼界、提升了认知。所以，你只管认真做事，当你的认知和能力有所提升时，你的选择范围就会扩大，你就有机会找到自己真正热爱并擅长的工作，也会比较容易进入工作状态。

66
如何获得老板的信任

如果老板不给你布置任务，那么说明老板可能不信任你，大概率是想让你走人。如何获得老板的信任呢？

其实，老板没有你想象的那么潇洒，你没做过老板，不知道老板的难处，老板在很多事情上是没有人可以商量的。如果有个人愿意和他一起解决问题，能够为他分担，那么很容易获得他的信任。

老板最缺的就是能做成事的人，以及能和他一起扛事、担责的人。老板怕的是到最后你把工作都推给他，一丁点儿责任都不想承担。他是最后一道墙，如果你把工作都推给他，他怎么会信任你？所以，要想获得老板的信任，就要把事做好、做成并勇于承担责任。

v v v
v v v
v v v
v v v

67

如何应对职责混乱的情况

　　非洲草原上的动物会本能地把自己的领地圈起来。狮子王还会定期巡逻，目的是告诫其他动物：你不能进我的领地，同样，我也不会进你的领地。只有遵守规则，大家才会相安无事。任何动物，只要它当了小头领，它的第一职责就是确定边界。

　　动物尚且知道的事，人在管理中却很容易犯糊涂。管理的首要职责就是明确目标、做好分工。而做好分工的前提是边界清晰。如果边界不清晰，员工就会不断扯皮，导致局面混乱。

　　边界清晰是指你的权力、责任、利益都很明确。也就是说，你要讲清楚你的目标是什么，你的用人权、财权、事权都有哪些，并且你要将具体边界的确定形成书面文字交给领导确认。

　　如果你已经做到了管理层，那么我建议你一定要先确定好边界。因为只有确定好边界，你才有条件做事，才能把事做好。

v v v
v v v
v v v
v v v

68

员工越级投诉怎么办

有的同学问："下属嫌绩效工资低，越过我找上级，结果上级很生气，我该怎么办？"

面对这一问题，你需要把握的原则是：员工可以越级投诉，但是员工不可以越级汇报工作；领导可以越级检查工作，但是不可以越级指挥工作。

在这个同学的问题中，我判断应该是有员工越级投诉了。我认为这是他的权利，他可以投诉。如果你说他跟上级汇报的事不是真的，那么你要反思：你有没有把你的绩效管理情况包括你的部门内部的员工情况，尽可能客观、及时地跟上级汇报。如果你没有做到这一点，他先跟上级投诉了，那么你就会很被动。

我的观点是，如果你确实存在工作失误，没能客观、及时地向上级汇报工作，那么你就承认错误。及时向上级汇报工作、反馈工作是管理中你要知道的基本常识。只要领导给你往下安排工作，你就要往上汇报工作。在往上汇报工作的时候，你要做总结，还可以针对一些问题向领导请教，领导指导后，你再继续工作。这才是一个良性循环。如果你对领导安排的工作常常没有反馈，他就会非常恼火，时间久了，他就会心里没底，不确定你是不是因为把工作搞砸了所以没告诉他。

记住，尽可能不要让自己陷入被动的局面。

69

与优秀的人在一起

你的一些同事经常在背后说别人的是非，尽管你没有参加，但却常常惹事上身，替别人背锅，遇到这种情况该怎么办？

我先谈背后的问题，我们都知道"物以类聚，人以群分"的道理，所以当你遇到这种事情时，你首先应该反思的是，你现在所处的圈子是一个什么样的圈子，你的圈子是否以八卦圈子、无事生非的圈子居多。你需要知道的是，职场中有些人，他和在职员工没有圈子，但是他和离职员工有圈子；他和优秀的员工没有圈子，但是他和一些整天混日子的员工有圈子。

你会发现，同事之间相互聊八卦的结果是，一不小心就把自己"八卦"进去了，也就是绕着绕着把自己给绕进去了。

因此你要反思，为什么你会在这样的八卦圈子里。对于这样的圈子，你应该远离，即便你还没有远离，也应该保持一定的距离。另外，"职场老油条"的圈子也是你必须远离的，因为这样的圈子会祸害你。

那么你真正应该融入的是什么样的圈子？应该是基于你的爱好、你的未来和优秀的人在一起谈梦想、谈如何把事做成、谈人生该如何规划的圈子。这样的圈子能够让你成长，让你变得越来越好。

我们都知道跟优秀的人在一起成长快，但是也许你并不愿意和优秀的人在一起，因为和优秀的人在一起时，你可能会有压迫感、恐惧感，你可能如坐针毡，生怕自己说错话。所以你会发现，"知道"和"做到"还是有一定距离的。

和优秀的人在一起时，你不需要太看重"自尊"这件事，你要尝试调整自己，保持开放的心态，跟着他们一起走。也许他们无意中说的一两句话就能够点醒你，无意中给你的一个资源就能帮你做成一件事，无意中带你走进的一个圈子就能让你增长见识，而这些"财富"是你奋斗十年也未必能得到的。

从某种程度上来说，一个人能走多远，要看他与谁同行；一个人有多优秀，要看谁来指点；一个人有多成功，要看他与谁相伴。

70

职业发展的三个阶段

职业发展有三个阶段，每个阶段都有你自己需要完成的课题。

第一个阶段的课题是学会管好自己，培养管理自己的能力。具体任务包括从学生角色转换到员工角色、进入工作状态、融入工作氛围、取得工作成绩。除此之外，你要在这个阶段能够发现自己的优点，找到自己的长处。也就是说，你要知道自己能做什么、适合做什么，将来能否靠这个长处找到立足之地。这个阶段的成长依靠的是你的自律、勤学苦练，以及谦虚、积极向上的心态。

第二个阶段的课题是学会管好别人，培养管理别人的能力。经过第一个阶段的历练，如果你能够把自己管理得很好，就有可能进入第二个阶段。

第三个阶段的课题是培养自己的领导能力。从第二个阶段管理别人开始，你就已经开始做管理了。如果你能从最初管理几个人，到慢慢管理更多的人，你就有可能进入核心管理层，成为企业高级合伙人或者接班人，这也就说明你进入了第三个阶段。

第一个阶段怎么做

第一个阶段的关键是发现自己的优点和缺点，扬长避短，找到自己在某一个领域里的特长。你需要先确定，你更适合从事专业性强的工作，还是更适合做辅助性、支持性的工作。

职场中有一个现象，单位的核心人物一般是从专业技术岗晋升到管理岗的。如果你没有从事专业技术领域里的工作，只是做一些辅助性、支持性的工作，那么通常来讲，你也会有晋升的机会，只是你的晋升速度会比较缓慢，而且因为你没有参与到单位的核心业务，所以你很难进入核心管理层。

但是如果你是做技术的，比如产品研发，在这方面有特长，又做出了成绩，那么你会晋升得比较快。

　　在第一个阶段，无论我们的工作岗位是什么，我们都要有做到第一的意识，即先争取做到企业第一，然后再尽可能做到整个行业第一。如果做到整个行业第一有难度，那么你要尽可能做到你所在城市里的行业第一。如果你能做到，那么你的老板很可能会提拔你，你也就实现了从管理自己到管理别人的跨越，进入第二个阶段。

第二个阶段怎么做

　　进入第二个阶段后，你就从管理自己发展到管理别人。你该怎样驾驭这种角色转变呢？

　　在第一个阶段的时候，你需要发现自己的优点和长处，而到了第二个阶段，你需要学会的是发现别人的优点和长处，这是我们在这个阶段必须牢记并应当时刻提醒自己的关键点。

一般人都有一个弱点，就是老觉得别人不行、自己行，满眼都是别人的缺点和自己的优点。但是作为管理者，以这样的心态来管理是不行的，你应该看到别人的优点和长处，学会欣赏别人并用人所长。这样你的下属才会愿意让你管，你的工作才有办法开展，你才有可能成长起来并树立自己的威信，带领团队做出成绩。

从员工转变为管理者后，可能有一件令人痛苦又难以言说的事，就是你给下属安排的工作被他搞砸了。如果你想，算了吧，还不如我自己干。你这样想就麻烦了，因为这等同于你放弃了管理别人，又开始管理自己了。管理自己简单，管理别人难，但是即便难也要做，因为只有难才能锻炼你，让你成长。那么具体应该怎么解决这样的问题呢？当你知道你的下属把事情搞砸了时，你依旧要选择信任他、鼓励他，让他继续干，而且你还要替他去承担一部分责任。人的胸怀就是这样慢慢被撑大的，你的下属也很可能会因为你给了他足够大的试错空间而快速成长起来。当然，也有成长不起来的下属，这也是正常现象。

如果你真能做到这几点，你就真正成长起来了，完成了从员工到管理者的蜕变。

第三个阶段怎么做

第三个阶段是从一般管理者到领导者的转变，即进入单位的核心管理层。

成为领导者，需要承担更多的责任，不能只关注管理工作做得如何、取得了什么样的业绩，还要关注如何提升自己的领导能力和决策能力。

成为领导者，需要具有发现别人优点的能力，以及看到自己缺点的能力，并且在看到自己缺点的时候，知道如何克服，知道如何吸引更优秀的人来到自己身边，用别人的优点来弥补自己的缺点。虽然世上没有完美的人，但是可以有完美的团队，团队的完美可以促使个体趋于完美。

第三个阶段不是求同，而是存异。你要认识到自己的不足，要能把不同性格、不同处事风格的人通过共同的理念凝聚起来，一起干事创业。也就是说，在这一阶段，你不但要打造企业战略和企业文化，而且还要找到各种能人，并把这些能人聚在一起为共同的目标努力。

虽然对绝大多数人来说，很难进入这一阶段，但是你可以通过对这一阶段的认知看到自己的短板，知道自己应该朝哪个方向努力，而不是在成长的路上有一点成绩就骄傲自满。

职业发展没有捷径

职业发展的这三个阶段，越往上走成功的概率越低。也就是说，并不是所有人都能完整地经历这三个阶段，因此你可以把第二和第三个阶段当作你的奋斗目标。如果你对这三个阶段有了足够的认识，你就可以对自己的职业发展形成一个清晰的规划，而不至于在遇到困难的时候迷茫、不知所措，甚至放弃努力。

人生是一个不断遇到问题和解决问题的过程，尽管越往上走成功的可能性越低，但我还是建议大家要用心往上走。

我们只有以积极向上的心态去面对一切，并坚持不懈地去努力，将来在人生谢幕的时候才不会后悔。

当然，并不是所有人都擅长做管理。如果你不善于和人打交道，只喜欢做技术工作，那你就老老实实做你的技术，这样选择也是可以的。如果你只能做一些没有技术含量或者技术含量不高的工作，那么你要踏踏实实地先把自己管理好，把该做的工作做好，仍然可以有晋升的机会。

职业发展没有捷径，唯有用心和坚持才能有所收获。职场中没有一件事是白做的，只要你是有心人，你就会获得能力的提升和智慧的沉淀。

功成名就的人或者走到高位的人永远是少数。这些人不一定都是聪明的人，也不一定都是勤奋的人，但他们一定是用心的人和能坚持的人。人生是有规律可循的，我们一定要看明白这背后的规律，然后坚定地走下去。

71

三十多岁，人生无望怎么办

"如果我三十多岁仍然一事无成，在一线城市买房无望、安家无望，那么我应该去二、三线城市发展吗？"

面对人生困境，我们大多数人会选择换方向，而不愿意去找方法。也就是说，我们不敢深挖陷入困境的原因，总在表面上折腾。如果你感觉人生无望，那么你需要找出原因，而不是依据表象做决定。

如果你真的面临这种困境，那么我不建议你换城市，原因如下：第一，你换一座城市，熟悉当地的环境和生活至少需要一年；第二，把新的人际圈子拓展到曾经的水平，至少需要五年。所以，当你处于奋斗期的时候不要轻易大动。虽然俗话说"人挪活，树挪死"，但那是有先决条件的，并不是任何时候都行得通。

当你一事无成、处于人生低谷时，你有没有想过，你一无所成的原因是什么，是不是你从来没有在一个领域真正地积累、沉淀过？这就好比烧水，你总是烧到 60℃就不烧了，那么你烧 1 万次也不管用，它还是一壶没烧开的水。为什么你不能坚持下来，把这壶水烧到 100℃呢？你要学会分析问题背后的原因。

人在一生中会遇到很多坎，每个坎都是一个天花板，每个天花板都会淘汰一批人。如果你每遇到一个坎，就选择逃避、放弃，那么你很难做成事，也不会得到成长。比如，你们单位今年新来了 100 名大学生，可能明年最多剩 50 个人，后年最多剩 20 个人，两年大概率会走掉 80%。那么十年之后还能剩多少人？有可能仅剩 1 个人，而这个人可能是核心管理层的一员。也许他并不是这 100 个人里最优秀的，也不是最聪明的，那么为什么他可以进入核心管理层？

从表面上看，这个人好像对外界的反应迟钝。别人可能会认为他智商不高，老板让他干什么他就干什么，像老黄牛一样，总吃亏。结果"聪明人"都跑了，老板没人可以提拔，就只能提拔他了。所以，江湖传言中所谓的"剩者为王"是有一定道理的。

我们不要总是想着我们的付出要和收获完全对等，也不要总认为自己的聪明才智没有得到最大程度地发挥。人生如同马拉松长跑，我们要放大尺度去看问题。

有太多人不是没有机会，而是无法让自己沉下心来做事，成为单位真正的可用之才。所以，我建议大家好好反思，先找出让自己产生困惑的原因，再做出选择。

如果你能静下心来好好反思自己，你就可以判断目前的工作是不是自己热爱并擅长的领域。如果是，并且你以前已经把水烧到 60℃了，那么你就从 60℃接着烧，把水烧开。在一个领域里沉淀下来，总比你再从 0℃开始烧强得多。比如，我在管理培训领域坚持干了 20 多年，无论怎么换工作，都是在这个领域内，没有再从零开始过。

如果你目前从事的工作并不是你热爱并擅长的领域，那么你可以考虑转换赛道，重新出发。一旦你决定换一座城市，再换到一个陌生的行业，一切从零开始，那么你要做好心理准备，因为你将会面临与二十多岁刚毕业的大学生竞争同一岗位的窘境。这些问题是你要去思考的。

72

工作发展遇到瓶颈，该何去何从

如果你在 30 岁或者 35 岁时工作发展遇到了瓶颈，那么我建议你利用这个机会提升自己。如果公司整体业绩不好，而你在这个年纪又进入了公司的核心管理层，那么你千万别认为这只是老板的事，你也有责任。有了这样的认知，你的人生格局才会变大。

如果你要换一家单位，那么可能会有风险；如果你选择创业，那么风险会更大。但如果你继续留在原来单位的平台上做事，那么做成了业绩是你的，做不成你也不会遭受损失。

不管你选择留下还是离开，一定要先在这个领域里把工作做好，做出成绩。最终你会发现，不管你是否留在这家单位就职，你都会有一个比较好的前景。

73

不要动不动就想辞职

千万别碰到丁大点儿事，就想辞职。如果你稍不顺心就想辞职，那么这是非常不成熟的表现。辞职的事，一定要考虑清楚后再做决定。

当你第一次提出辞职时，领导可能会挽留你，因为领导也不想自己白白培养人，你走了他还要重新培养新人。所以，只要你没有大的问题，领导通常会挽留，也会继续给予你信任。但是你可能会有顾虑，担心领导不再信任自己，担心自己很难再有发展。其实，领导考虑的是你对公司的发展有利还是有弊，挽留你代表他觉得你是有价值的，并且值得挽留。我就曾多次挽留过想要辞职的员工，结果是有的人留下来了，发展得很好；有的人不听劝，非要走，但多年后又很后悔。

　　如果你接二连三地提出辞职，领导就知道留不住你了，那么无论你的能力有多强，他都不会再挽留你，因为他知道你的心不在这里了，他不会阻拦你去找更适合你的工作。

74

要有被讨厌的勇气

"领导不喜欢我，同时我又遇到'职场小人'，该怎么办？"

领导喜欢你与不喜欢你，都只是某一时刻情绪层面的事，不要想这些，没有意义。

即便领导不喜欢你，也不用怕。领导也是有血有肉的人，也会有情绪、有盲区、有偏见，也会误解别人。你要做的就是尽可能地把工作做好，因为时间能证明一切。

如果你遇到"职场小人"，你又不想离开现在的单位，那么你要做的是：第一，尽量远离，不要去招惹"职场小人"，敬而远之即可，也千万不要想着去感化"职场小人"，不要把你的善良放错了地方；第二，尽可能把工作做好；第三，用时间来证明一切，一定要沉得住气。

75

怎么看待领导的批评

如果领导批评得对，确实是你的问题，那么你接受并改正就好了。如果你认为领导批评得不对，让你受了委屈，怎么办？

职场中难免有矛盾、有委屈。我也会批评我的下属，有时候批评得非常严厉。当然，有时候我也会批评错了，让我的下属受了委屈。这很正常，因为没有人不会出错，领导也是人。

人在职场中难免会受点挫折、受点委屈甚至屈辱，没有这些磨炼你很难成长起来。所以，当你受到委屈甚至屈辱后，你首先要理性面对，然后冷静地做事并做出成绩。

当然，有时候领导批评你，让你受委屈，他是为了实现管理上的某种平衡。如果你不是他的自己人，或者他不看重你，那么他一般也不会让你受太大的委屈；如果他特别信任你，反倒会让你受委屈。但是很多人不了解情况，一点委屈都受不了，好不容易取得了领导的信任，结果领导一批评，就受不了了，甚至想辞职。如果领导想重用你，那么你放心好了，他大概率会折腾你，他不折腾你，将来就不敢重用你。我曾经跟我的同事们这么说："你们必须和我一起折腾过、吃过苦，否则我不会信任你们。如果你们和我在一起一直是充满阳光、岁月静好，没有和我一起共患难，还想让我把你们当作自己人，那可能吗？"

你在人生成长过程中一定要学会辩证地看待事物，并且要学会承受某些委屈甚至屈辱，因为你的成长需要这种历练。

76

年龄大的员工会不被重视吗

即便你工作能力再强，但只要你年龄大了，是不是就不会受到重视了呢？

假如有一位老员工任劳任怨、能力强，又看淡了名利、与世无争，并且心态开放，能和年轻人干到一起，那么你喜欢不喜欢这样的老员工？如果你是老板，你也会喜欢这样的老员工，并对其委以重任。但是，如果有些老员工自认为工作能力强，进而居功自傲、固执己见，那么领导很可能不会喜欢这样的老员工，也很难对其委以重任。

老板通常不会亏待老员工，为什么？因为企业需要有历史的沉淀，如果公司里没有老员工，全是新员工，那么公司过去的很多事便没有人知道了，很多东西也就丢了。如果一家企业成立了 20 年，那么一开始就跟着老板干的那些人，不到万不得已，老板不会亏待他们，除非那些人倚老卖老、飞扬跋扈，有事没事天天揭老板的短。即便老板在公司刚成立的时候做了很多错事，你也别到处说，更不能添油加醋地说，但是老板自己可以说。有时候老板为了满足某些社交场合的需要会自我揭短，那是人家的胸怀，但是你说出来就是你的问题。这是一个人在职场中需要知道的事。

如果你是一家企业的老员工，感觉现在不被重视了，那么你要好好去反思，是不是自己哪里出了问题。我相信，只要你摆正自己的位置，放平心态，任何一家单位都不会亏待优秀的老员工。

77

什么时候该换单位

"假如我现在的单位很好，领导对我也很好，但是新单位更好、机会更多，那么我应该换单位吗？"

判断要不要换单位的标准不在于单位，而在于个人。

我的建议是，你把眼下的工作做好并做到一定高度后再考虑这个问题。如果你自身很优秀，但你目前的工作经历还不够多、工作能力还不够强，又是一名普通员工，这时如果你选择到另外一家单位工作，那么你还是一名普通员工，没有任何意义。所以，你要把握好尺度，每到一家单位，都要把自己的能力提升到一定高度之后再考虑换单位的问题。

比如，如果你在一家单位管理一个小部门，只要你有统筹运营的能力，有从 0 到 1 把部门建立起来的能力，那么你到另外一家单位，你是有可能担任一个大部门的经理的。

78

怎么跳槽

俗话说，"铁打的营盘，流水的兵"。跳槽也是很正常的事，但是你知道应该怎么跳槽吗？

如果把工作比喻成烧水，那么你要把水烧到 100℃再跳槽，只烧到 60℃就跳槽是没有用的，因为你到了另一家单位，又要从头做起。比如，你已经是八级木工，那么你到另一家单位就有可能做到工程师的职位；而如果你现在还没出徒，那么你到了别的单位还是学徒工，因为每家单位的要求不一样，你只能从头再来。

人生有限，你没有多少可以从头再来的机会。所以，你一定要踏踏实实地走，并且要往上走，而不是往下走。

非常遗憾的是，很多人可能就因为一点点小事而选择了离职，但因为资历尚浅，这些人只是到另一家单位从头开始；也有一些人跳槽后，职位不但没往上升，反而往下降了。这些都不是明智的选择，只是在浪费生命。

不管做出什么样的选择，我们首先要把最底层的逻辑看透，这样我们就不会用感觉、情绪、喜好做决策了，而是能够理性地站在未来的角度去做决策。

79

把握住关键节点的机会

下面是一位同学给我的来信，你们可以思考，他成功的背后依靠的是什么。

> 时间过得很快，三年多来我一直听马老师您的课，您的思想在潜移默化中影响了我。这个周末，我要向您汇报这一年半以来我的工作进展。
>
> 首先，我入职了字节跳动，从一线员工做起，并且在做本职工作之余，还尝试把工作周边的角色都扮演了一遍，比如做达人、做主播、做场控。我还花了很多时间了解岗位周边中台运营部门的工作内容和商户的需求。从一开始直播时手心出汗到后来百万交易额的产出，我的业绩也从中游做到了小组第一，之后做到了某一线城市的第一。

　　其次，随着业务的发展，经过两次竞聘，我做到了管理岗位。因为前期准备不足，第一次竞聘我失败了，从那之后我在业务策划、业绩表现、写作与演讲、人际关系等方面努力，结果第二次竞聘我幸运地通过了。这次晋升对我来说很重要，让我想起了马老师曾多次提到的成长过程——从管理自己到管理他人。很庆幸，团队小伙伴们很支持我的工作，团队业绩逐步上升，这个过程让我对人和管理有了更多的思考。

　　最后，我接受了新的挑战。原业务线的调整一度让我很痛苦，但我想总会有办法的。通过内部调整和面试，我转到了新的业务线，新的城市、新的业务、跨区域管理是我面临的新的挑战。

　　每一次改变和放弃都伴随着痛苦，每一次痛苦都让我变得更加成熟。这让我想起了马老师曾说过的一句话：成长的意义大于成功的意义，人应该趁年轻多经历。

　　如今，我入职字节跳动已经一年半了，刚入职的时候没有想到工作也可以很精彩、很充实。生命既然是一个过程，那么我想给自己定一个目标，向更远处出发，但行好事，不问前程。

等这边工作稳定了，我一定要到学院看看，我想我和马老师一定会有缘再见面的，感谢马老师这一路上对我的启发。

在这一年半的时间里，这个小伙子把握住了每一个关键节点的机会，从一名普通员工晋升到了管理岗位，他靠自己的能力活出了自信，活出了坦然。

如果你用心思考，就会发现人生是有规律可循的。有些事你必须看明白，而且越早越好，不要等到四十多岁了才看明白，到那时也许你已经错失了很多机会。

第五部分

婚姻与家庭

如何看待爱情与婚姻

如果你结婚后才知道对方是"妈宝",或者结婚后才知道两个人三观不一致,你该怎么办?

其实,现实中并没有三观完全一致的人,人与人之间的相处需要求同存异,包括恋人之间、夫妻之间、亲人之间、朋友之间、同事之间等。人们在谈恋爱或者刚结婚的时候,可能会暂时忽略两个人之间的差异,而一旦结婚时间久了,如胶似漆的感觉渐渐消退,就会发现之前未曾关注的问题,甚至感觉两个人完全生活不到一起了。这种情况的出现,不仅涉及两个人的成长背景,而且还牵涉复杂的社会关系。

有人说,婚姻是爱情的坟墓,但我想说,时间也是爱情的坟墓。

　　爱情的美好是在荷尔蒙的催化作用下产生的，是在没有柴米油盐的滤镜下生成的，动物在求偶阶段也会把最美好的一面展现出来。然而婚姻就不一样了，婚姻是五味杂陈、实实在在的生活，包含了各种琐事。所以，你不能拿你理想中婚姻的样子、拿初恋的标准来评判婚姻。

　　爱情是理想的，婚姻是现实的。当你回到现实层面，对婚姻的期望值降低的时候，你们兴许就能走到一起了。如果你总拿初恋带给你的体验去评判婚姻，那么你一定会痛苦万分。现实中有些男人会觉得别人家的老婆好，之所以有这样的感觉是因为他看别人的老婆是按照他的想象去看的。标准和期望不一样，结果就会不一样。这个道理你要知道。

　　在走入婚姻前，你要做好心理建设。

　　首先，降低对婚姻的期望值，不要拿婚姻当爱情，别期望太高。一旦你把期望值降低，两个人就能越来越包容对方，比如对方是"妈宝"，过度依赖母亲，那么你就想办法让他 /她成长起来，去担负起相应的责任。

　　其次，不要奢望对方是完美的。人生从来没有完美，任何人都不是完美的。两个人结婚不是为了享受结婚前就达到的"完美"状态，而是为了婚后两个人能够共同经历、共同成长、相互成就，去体验走在趋于完美的路上的过程。

人生是经历、是体验、是修行，无论你经历何等的无奈与无助，这些都是人生。既然选择了就要接受，如果你不接受，那么除了增加人生的苦难外，并没有任何正面作用。

如果抛开情感和道德层面，从企业管理的角度来看，你就更容易明白婚姻的本质了。婚姻本质上就是两个独立的个体搭伙经营公司，你对他 / 她有承诺，他 / 她对你也有承诺。接下来，两个独立的个体需要考虑的是如何一起相互包容、一起经营公司、一起培养孩子。

v v v
v v v
v v v
v v v

81

如何面对婚姻中的现实问题

谈恋爱属于感性层面，两个人都把自己包装得很好，尽量展现出自己最好的状态。那时候两个人都戴着滤镜看对方，沉浸在你侬我侬的情爱里，而结了婚就需要回归到现实层面了。

那么夫妻双方要怎样面对婚姻中的现实问题呢?

第一，保持个体独立。如果你的另一半不够独立，什么都听你的，那么这是一件非常可怕的事。一旦他 / 她哪一天突然发现没有了自我，什么事都被你掌控，什么事都听你的，你们的婚姻就有点危险了，因为你的另一半可能会通过向外探求来弥补婚姻中缺失的部分。

第二，相互尊重。你们可以谈你们共同的爱好，你不喜欢的和他／她不喜欢的，你们都别谈。只要你们相互尊重，就会相安无事。比如，她喜欢收集盲盒，你瞧不上，有事没事就打击她，那么时间久了，她就会认为你打击的不是她的爱好，而是她这个人，她能不跟你急吗？再比如，你喜欢打游戏，但是她非常讨厌你打游戏，她认为打游戏非常浪费时间，所以你只要打游戏她就唠叨你，慢慢地你就会认为她不是讨厌你打游戏，而是讨厌你这个人。一旦上升到人格层面，你们之间的矛盾就会加深。所以，对于各自喜欢的东西，你们相互尊重就好了，你要做的是让你们共同喜欢的领域变大。

第三，在对孩子的教育问题上要达成一致的理念。如果教育理念不一致，那么将会对孩子产生非常大的负面影响，这种影响甚至关乎孩子一生的幸福。

第四，底层的价值观必须一致。如果两个人底层的价值观差距太大，则很难走得长远。

第五，在底层价值观一致的基础上相互影响、相互包容、相互信任、相互成就。不要急于改变你的另一半，你要给他／她成长的时间和空间。你可以通过你的包容、你的忍让来触

动他 / 她，让他 / 她自己反思，意识到问题所在，然后再有意识地去改变。

婚姻的意义在于实现 1+1 ＞ 2 的目的，也就是我和你在一起，我们的生命变得更加美好，我们能享受更多的人生喜悦，而且我们在社会上能取得更大的成就。

v v v
v v v
v v v
v v v

82

女人如何选到"好男人"

女人如何选到"好男人"？换句话说，判断一个男人是否靠谱的依据是什么？其实核心就是判断这个男人把"心"放在了哪里。俗话说，"长庄稼的地不长草"。如果一个男人的心不在事业上、不在家庭上，那么他的心一定在别的地方，比如攀比、炫耀、享乐，他追求的仅是物欲上的满足。

那些用心做事的人会相对单纯，因为他没有精力琢磨别的，每天都在努力生活。所以，判断一个男人是否靠谱，就要看他是不是有上进心、有责任心、有事业心。

v v v
v v v
v v v
v v v

83

为什么有些女人总是碰到渣男

为什么有些女人总是碰到渣男，总是被人坑？因为她没有把人性看透，她把对方人性中阴暗的一面给激发出来了。

其实，人性中的善念和恶念是同时存在的，所以在人与人之间的相处中，你要尽量避免唤醒对方的恶念，更不要纵容对方施展阴暗的手段，你要尽量激发其人性中阳光的一面。这是在人际交往中，尤其是恋爱和婚姻关系中非常重要的一个常识。

一旦遇到这种情况，女人应该思考的是，为什么自己会激发出对方的阴暗面，自己的哪些思维模式、行为模式引发了这个结果。

84

男人没房就娶不到媳妇吗

现在很多年轻男人认为没有房子就没有女人愿意和自己结婚。这让很多男人对婚姻望而却步，高房价和"丈母娘"的高要求让他们很痛苦。这些我都理解，但是我更想说的是，你有努力试过吗？还是一个"穷"字挡住了你？

有些时候，当你和大多数人的想法一样时，说明你也是一个庸人。不要给自己的平庸找理由，不要给自己的不作为找借口。

为什么你不为自己变优秀去找方法呢？为什么你不为自己的未来努力奋斗呢？为什么你不相信未来呢？

你现在没娶到媳妇是因为你没本事，别人不相信你的未来，而不是因为你没房子。

我结婚的时候就是一个穷光蛋，我到 45 岁的时候才买房。

一起奋斗，让生命更有价值

夫妻双方是两个独立的个体，无论在物质层面还是精神层面，任何一方都不能完全依附于另一方。两个人结婚后唯有一起奋斗，才会让彼此的生命更有价值。

生命的真正意义在于过程的精彩，这个过程是一个人努力追求自身价值的过程。如果你不追求这样的过程，只追求对结果的享受，挥霍自己的人生和别人的汗水，那么你觉得你的另一半还会喜欢你、尊重你、把你捧在手心里吗？

所有的喜欢和爱，首先要建立在尊重的基础上。另一半尊重你的前提是你值得被尊重。如果你贪图享乐、好逸恶劳，那么你的另一半就不会打心底里尊重你。所以，夫妻双方要一起努力，共同创造美好的未来。

86

已婚却又爱上了别人怎么办

如果你已婚，却又爱上了别人，那么是否只有离婚这条路？

首先你要明白，真正的爱是付出，不是占有。也就是说，你可以爱，但不能有占有的想法，更不能付诸行动。

一旦你想离婚，就说明你把爱和占有搅和在一起了。如果你非要离婚，那么前提是你没有孩子；如果你有孩子，那么你更要谨慎。一个人在头脑发热的时候，无法甄别"爱"和"激情"，有些"爱"来得快去得也快。也许你刚再婚就后悔了，觉得现在的老婆还不如以前的老婆好，那么这个代价就大了。

所谓一见钟情，更多的是五官上的吸引，而真正久处不厌、能够让两个人一直走下去的则是双方的"三观"。如果你头脑发热快活了一两年，让你的孩子受了伤，孩子妈妈再跟着受伤，然后过两年你和新欢又散伙了，之后你想和前妻复婚，但人家找到更好的男人了，你岂不是鸡飞蛋打了？

87

大龄青年如何拥有幸福家庭

不管你是男人还是女人，都应当先把事业做好。把事业做好，并不意味着你一定会拥有幸福家庭，但你会更容易收获幸福。

如果你 30 岁出头，还没成家，那么只要你优秀，把事业做好，你选择异性的空间就很大。而且随着年龄的增长，随着事业上取得的成就越来越多，你会更加成熟、更懂得如何与人相处，你对情绪的掌控也会更好，所以你会更懂得如何让自己的家庭幸福。如果你有孩子，那么你的孩子成才的概率也会更大。

如果你的事业还在打拼期，那么你择偶的空间会相对小一些。不过没关系，无论如何，生活的阅历会带给你更多的人生智慧，你一样可以经营好家庭，并且拥有幸福，但你需要记住的是不要攀比。